東洋思想に学ぶ人生の要点

東洋思想研究家
田口佳史
taguchi yoshifumi

致知出版社

まえがき

東洋思想の魅力の一つに、「見えないものを見る」があります。

見えないものとは何か。

その一例をあげれば、「人の心」です。

東洋思想は、外面よりも内面を重視しますが、その内面の最たるものが、人の心です。

では、どうやって見るのか。

相手が発する言葉の端々を注意深く読めといいます。

更に、顔の表情や態度の変化をしっかり追えといいます。

そして「気配を読め」といいます。

その人の全身から発する気を読むのです。気の変化は全て心の動きの表れなのです。

人生において何事もその多くは人が相手であり、したがって人の心が読めなくてはなりません。

これが体得されたら、毎日の暮らしも仕事も格段に面白くなります。

もう一つ見えないものを挙げれば「神」です。

日本は多神教の地域です。神がそこかしこにいる国です。

それなのにこれが神ですという「神の像」を持ちません。

何故か。自然が神だからです。

天地自然から神を感じてきたのです。

神ばかりでなく、儒教でいう「天」、道教（老荘思想）でいう「道」、仏教でいう「仏」などこの世の絶対的存在を、実感しろというのです。

実感し、ありありと感じるようになれば、そこに対話が始まり、やがて「同行」することになります。人生の道連れにしろと東洋思想はいうのです。

私の言う東洋思想とは、「儒教、仏教、道教、禅仏教、神道」のことです。

何とこの五つの思想哲学は、七世紀以上にわたり我が国日本に蓄積され、独自の発展を遂げて、今も独特の気品と優雅さを伴って存在する「日本の知的資源」なのです。

日本の文化の根源を理解するとは、この五つの思想哲学を知ることなのです。

元号も「令和」になり、日本人として「日本とは何か」を知ることの大切さからいってもここが要点といえます。

さて、以上のように東洋思想の魅力を一つ挙げただけでも、自分の根本を知るという大きな恩恵があります。これは東洋思想の持つ原理原則や根本根源の重視という特性から来ています。

とかく枝葉末節や手練手管に流されがちの今日、とても貴重な気づきになります。

現在われわれは大きな転換期を生きています。

あの明治維新、あっという間に自分の属する藩がなくなり、自分の身分であった武士がなくなって多くの人々が動揺した、あの変化に匹敵する大きな時代の転換が間近に迫っています。

インターネットの世界的普及は予測以上に早く、人工知能やロボット、自動運転車や仮想通貨などが続々と暮らしや仕事に入ってきます。

我々はどのように生きたらよいのでしょう。

何より大切なことは、自分を失ってはいけない。

「自分ならではの人生を生きる」ことです。

その為の基礎づくりにこそ東洋思想は最適であると、私は確信しています。

しかし、とかく東洋思想は難しいといわれます。

そこにこそ私の使命があると思っています。可能な限り易しく多くの人々が理解されるよう、解説をし、身近な問題に応用して、いきいきと面白く読んでいただけるようにすること、これこそが、私がこの道を選んだ時、自分の使命として絶対忘れまいとしたことなのです。

どうかご愛読下さい。

東洋思想に学ぶ人生の要点＊目次

装　幀——奏浩司（hatagram）
編集協力——柏木孝之

人生を計画する

○貧しい時ほど自分に投資せよ

三十代とは「三無時代」と言うのだそうです。

時間も無い。金も無い。栄養も無い。

会社では、ようやっと仕事に慣れ、仕事量がぐ〜んと多くなる時ですから、時間がありません。その割合にはまだそれほど収入も多くない時ですから、金もありません。おまけに子育ての最中でもありますから、収入もそちらに回ってしまってお父さんやお母さんには金の余裕が無い時で、したがって労働の割合に栄養が足りません。

つまり人生の本格スタート時にやって来る最も貧しい時期なのです。

こうした時こそ正念場で、その中でも何とかやりくりして自分に投資した人は、四十代後半、五十代からその投資効果が表れて、グングン伸びて自分が主導権を握った人生となります。当然生涯収入にも多額の相違が生じます。

私も最も厳しい時期でしたが、二十年計画で「漢学」を完全マスターすることに決め、なけなしの金をはたいて高価な書物や資料を購入したものです。何しろその有り難《あがた》みには深いものがありましたから、一字一句なおざりに出来なかった。これが良かったと思います。

しっかり読まざるを得なかったのです。その後こう読むのが習性になりましたから、一生の宝です。

○自分に短刀を突き付ける

これまでの自分の人生を振り返ると、長いといえば長い、短いといえば短いといえます。

しかし確かに言えるのは「人生は自分次第だ」ということです。

自分が怠惰《たいだ》であれば怠惰の結果の人生になるし、勤勉であれば勤勉の結果の人生になります。

冷たいようですが、いまのところ例外はありません。

私が何よりの実例です。

私は若い頃は好き嫌《きら》いのとても激しい人間でした。

好きなことには勤勉ですが、嫌いなことには怠惰でした。

結果は浮き沈みの大きい人生になります。

そこで考えました。

こうした人生を続けることは、百歩譲って私自身は良いとして、家族はたまったものではありません。荒海を小舟で行くような暮らしになります。

ではどうするか。

逆にしたらどうかと思ったのです。

「好きなことには怠惰に。嫌いなことには勤勉に」

やってみるとこれがなかなかつらいのです。

当時最も嫌いなことは「交渉ごと」でした。

これが嫌いでは、何をやっても駄目だと思っていました。

そのうち妙な仕事がまわってきました。

管財人の助手という仕事です。

倒産した会社の債権者と交渉して債務を減らす仕事です。

当時の私にとっては嫌《いや》な仕事でした。

当然弁護士が主体で行うのですが、時には代わって話をしなければならない時もあります。

相手の中には社会的でない人々もおりますから、怖《こわ》い思いもします。すぐに止《や》めようと思いました。

しかし、「いや、これを止めたら、一生自分を鍛えることが出来ない人間になってしまうのではないか」とも思いました。

人生の覚悟の時だ。

自分に短刀を突き付けたのです。

お陰で、最も嫌いであった「交渉ごと」にも慣れてきました。

それ以上に有り難かったのは、倒産会社を知ることによって、企業というものの本質を実感として知ることになったのです。

その後、これがどれほど私を助けたかしれません。

○頂上に登らないと次の山は見えない

最近の私の心境を語れと言われれば、次の言葉を吐くしかありません。

「日暮《ひく》れて道遠し」

年老いて、いまだに達すべき目標が果たせない、という意味に使いますが、私の気持ちは少々違います。むしろ「次から次へと次の目標が現れる」という意味です。

それも興味深く魅力的な課題（テーマ）ばかりが押し寄せてきます。

言いたいところは、「何故《なぜ》若い時にこうならなかったのだろう」ということです。エネルギーはあり余るほどあり、滅多に疲れることもないという体力を誇っていた若い時には、まともなテーマとてなく、いま考えると実に無駄な、もったいない、徒労ばかりの毎日だったように思えるのです。

いまあの頃のあのエネルギーと体力があれば……。

そこでどうしてこうなったのかよくよく考えてみました。

答えは、いまは何とか頂上に到達しようという意欲があり、したがってそう長い時間をかけないで頂上に達している。

頂上に立つと、達成感を感じるよりは、見えるのは次の山で、それが実に登りたくなる山なのです。

というこの体験は何としても若い人に絶対言っておかなければならないと強く思ったのです。

いまのエネルギーと体力はいつまでもあると思ってはいけない。

それ等があるうちに何事を行うにも是非頂上を目指してやってもらいたい。

そうすれば必ずもっと魅力的なテーマが現れる。

そうして若いうちに次々と世界級の山の登頂を成し遂げてもらいたい、ということです。

○人生とは分岐点の連続

『易経《えききょう》』という書物は、われわれが住むこの宇宙のメカニズムをとても明確に解き明かしてくれているのです。

それは「法則、定則」といっても良いでしょう。

その最たるものに「卦《け》の解釈」というものがあります。

ところがこの卦の解釈には必ず二通りの解釈が成り立つようになっているのです。

それは「もうひと苦労と安逸《あんいつ》」の両方です。

「厳しい坂とたやすい坂」とも言えるし、神社などにある「男坂（急坂できついが時間がかからない）と女坂（ゆっくりで楽だが時間がかかる）」と言っても良いでしょう。

すぐに二股道にさしかかり、またちょっと行くとまた二股がやってきます。

人生とは分岐点が次々と来るものなんです。

どちらを選ぶかです。

結果はその道の選択にかかっているのです。

つまり人生のコツこそここにあると言って良いでしょう。

その時の体力と心境の在り方によって、選ぶべきです。

厳しい道を選んだ方が結局は良い結果になるのですが、体力と心の充実が不足している時であれば、大きな痛手（damage）を被《こうむ》ることになってしまいます。

人生は一瀉千里《いっしゃせんり》、猪突猛進《ちょとつもうしん》で突き進めば良いというものではありません。

かといって、いつも決心がつかず、ぐずぐずしてばっかりも良くない。

人生は分岐点の連続、つまり山登りと同じで、厳しい坂、たやすい坂の繰り返しであり、それを誰に言われることもなく、自分で決め、その分楽しむ為にあるものなのです。

○止める勇気

私は、三十歳の時、これからの人生どうするかと、毎日考えていました。

その前は何をやっていたか。

入院し、通院していたのです。

二十五歳の時突然生死を彷徨《さまよ》う重傷を負い、五年間はひたすら治療の毎日でした。快復をすればするほど、社会復帰が迫ってきますが、後遺症がひどく、就職は不能でした。健康診断で落とされてしまうのです。

地下鉄工事など肉体労働でしのぐこともならず、安静な状態、つまり横になって出来る仕事といったら〝モノ書き〟ぐらいしかないので、もっぱらこれを引き受けて生活費にあてていました。

しかし、一生を託する仕事ではありません。

迷った末辿《たど》り着いたのが、自分の会社をつくる、つまり起業でした。

これであれば、自分の身体の状態に合わせて仕事が出来ます。

いま考えれば、こんな消極的で甘く不埒《ふらち》な動機はありません。

したがって、創立以降二十年間、まさに悪戦苦闘、苦心惨憺《くしんさんたん》、孤軍奮闘《こぐんふんとう》の毎日でした。

三十代、四十代は、いま振り返っても、良い思い出は一つもありません。

しかし、これしか道はない。

生きる術《すべ》はこれしかない。

そう思いこんでいました。

しかしある日、余りにも苦しい。苦しい事は当たり前。会社経営は苦しくって当たり前と思っていましたが、でも余りにも苦しい。

これ以上続けられないと思ったのです。

二十年間我慢したのだから、あと十年、あと五年ぐらいは続けたらどうかと自分が言います。

しかしもう一人の自分が、止《や》めてくれ‼　と叫んでいるのです。

眠れない日々が続きます。

決断しました。

会社を止めて、個人事務所にしたのです。

止めることは、続けるより余程《よほど》難しいことでした。

しかし五十歳の決断が、六十代の「愉快な人生」を生んでくれたのです。

○六十歳からが人生の本番

いま思い返しても、私の三十代、四十代、五十代は、一つとして記憶に残る愉快なことがなかったといえます。

何しろ全てがうまくいかないのです。

そう人に話すと、何しろ三十代、四十代、五十代といえば人生の主要を成す期間ではないか。そこが駄目なら、人生そのものが駄目な人生と言えないか、と言われます。その通りで、この人生の黄金期が不愉快では、大した人生とは言えない、と私自身も思っていました。

したがっていつも口から出るのは「どういうことなんだ、俺の人生は‼」という悪態です。

将来に希望を持って生きよ‼ が私のモットーです。

しかし三十代四十代はともかく、五十代に入ってからも一向に人生は愉快になりません。

当然焦ります。

人生六十歳までが現役とすると、もう何年も無い。俺の人生はこれで終わりか。ところが、五十代も半《なか》ばにさしかかる頃から、『老子』の「足るを知る者は富む」が効《き》いてきて、何となくいつも感謝の気持ちで生きられるようになる。それにつれて、人間関係もより深みを増してきて、立派な人物と付き合えるようになる。

更に長年の修業がものを言って、老荘《ろうそう》思想から中国古典全般に理解がすすみ、更に「仏教」の勉強も良い師に恵まれてベストの学びが出来た。

会社の経営も五十歳になってから止め、個人事務所にしてしまったことから、ひどく気楽になった。

一時として休みのない「腰痛」も慣れることによって痛みも軽減され、夜も眠れるようになる。致命傷を負っている腎臓も、ダマシ運転の要領がわかってそう苦痛はなくなった。したがって、健康も取り戻すことになる。

こうして五十代の終わりぐらいから、「愉快な人生」がやってきたのです。

「人生は六十歳からが本番なんだ」

いまの私の心境です。

それまでの砂を噛《か》むような不愉快な毎日こそが、いま最も貴重な体験として、私の全ての幸せの源泉になっています。

と考えると、あの若い時の不愉快は何と有り難いものだったのか。

改めて苦労は若い時でよかったと思うばかりです。

○人生計画のすすめ

エベレスト登山や南極探検に行くのに、ふらっと出来心で行くことはないだろう。

何故か。

危険極まりないから、です。

危険を回避する為には、完璧な「計画」が必要なのです。計画無しに出掛ける人はいません。

では、世の中にそれ以上の危険を孕《はら》んでいながら、計画も無く行っている事はないでしょうか。

「人生」。

一寸先は闇。この直《す》ぐ後に何に襲われるか、何が起こるかわからないのが人生です。

人生とはそんな危険極まりないものなのに、確かな計画すら無いとすれば、それは余りにも楽天的と言わねばなりません。

私は三十三歳の時に、或《あ》る人のご厚意で、「人生計画セミナー」なるものを受けました。

ボブ・コンクリンという米国人の考えた方式による人生計画です。

その要点は、「あたかもそのようになったかのように立てる」というものです。

「三十代で家を持つ」、この程度では計画とは言わないと厳しく指摘されたものです。

「三十五歳の五月二十日に、東京都世田谷区成城四丁目××番地に、三十坪の土地に立つ、明るいクリーム色の二階建ての洋風の家で、見取図は、——」

全てこのぐらいに具体的に書かされるのです。

当時私は結婚当初で夫婦二人きりでしたが、子どもの欄には、その子の性別は勿論、生年月日から性格まで書くのです。

つまり「既にもう成り立ったと思え。成り立ったんだから、それをよく見れば、何でも書けるだろう」というのです。

結果はどうであったか。

その時書いた住所に二十年後住むことになった。子どもの生年月日も一ヵ月ずれただけ、という驚くべき結果でありました。

○学びのサイクル

三十歳で会社を創業し、ただひたすら悪戦苦闘の日々の中を進んでいました。

そのうち気付いたことがあります。

「知識不足」ということです。

そこで早朝五時から七時までの二時間と、クルマの通勤を電車に変え、約一時間を勉強の時間にして、課題に対する書物を選定し、ひたすら読み続けました。

ところが一年も経《た》つ頃に、頭を悩ますことが連続的に起こりました。

勉強どころではない状態になって、もろくもこの計画は頓挫《とんざ》してしまいました。

その三、四年後、今度は中国古典「四書五経」を本格的に学ぶ必要が出てきました。

こればかりは終生《しゅうせい》続けられなければなりません。

何か良い仕組みはないか。

よくよく考えました。

学ぶには張り合いが必要である、という発見があり、その張り合いを強く感じる為には、そこに喜びが必須であることに気付きました。

こうして試行錯誤の末、「学びのサイクル」が完成しました。


「学ぶ・果たす・楽しむ」

責任を果たす。

役割を果たす。

その為に学ぶ。

そして果たす。

果たしたという充実感や満足感を楽しむ。

このサイクルは、私の中でいまだに回り続けているのです。

○自分の人生は自分がつくる

この年まで生きてきて、確かに言えることがいくつかあります。

その一つに、「いまの人生は、数年前思った人生だ」ということです。

真に強く、それも詳細に、「あたかも既にそうなったかのように」思い描ければ、数年後には必ずそのようになる。

つまり達成されるのです。

「詳細に、強く」というところが要点です。

例えば何処《どこ》に住んでいるか。

住所をしっかり提示して下さい。

どのような家か。

見取図、間取図、設計図が必要です。

どのような暮らしか。

朝目覚めるところを明確に描く。
どのような寝室で、どのような庭園が広がり、どのような装飾とインテリアか。
居間に行く。
誰に「おはよう」と言うか。
その人はどのように健康で明るい表情か。
居間のソファに腰掛ける。
その眺め。
装飾とインテリア。
以下同様に、出勤の状況。
会社の建物。
内部の様子。
オフィスの状況から自分の室《へや》の様子。
そこで何をどのように仕事としているか。
以上のように思い描いて下さい。
次にそのようになる為の自己保有の必須能力つまり実力を上げます。
これが一番重要です。

次に現在からその日（将来のこの日）までの必須能力習得の計画を立てます。

あとは実行！　のみです。

一番大切なことは、「自分の人生は自分がつくる」ということを忘れないことです。

○愉快な老後

私の人生を振り返ると、
生まれて直ぐから、超未熟児の後遺症に悩まされた日々。

戦争中だったのでなお一層大変でした。

十代は、大きな挫折に始まり、ひたすら「自活」を目指して、学んでいました。

二十代は、前半の絶好調が、半《なか》ばの大事故により急転直下の地獄になりました。

三十代は、大きな怪我の後遺症の中、起業をし、懸命に頑張ったが、何とも苦難の中という感じです。

四十代は、一転うまくいき過ぎて調子に乗り、真底《しんそこ》からの金銭的苦労に明け暮れた十年です。

五十代は、一変、大変革を決意して全てを変えて、新しい人生を踏み出した十年です。

六十歳からは、感謝！　感謝！　全てが感謝の毎日で、まさに「愉快な人生」が始まりました。

五十歳までの暗澹《あんたん》たる心の状態を思えば、まさに夢のような六十代と言えます。

その要点は、「考えられる全てに抜かりなく準備万端ととのえる」ことです。

○十年かければ何人にもなれる

十年一昔と言いますが、全く名言と言えます。

多くの人は、昔の自分といまの自分の違いに、いまさらながらに驚くことがあるでしょう。

『論語』も三十、四十、五十、六十、七十と、十年刻みで生き方を示しています。

十年、三千六百五十日の長さは、やりようによっては凄い成果を挙げるものなのです。

人生計画の大切さを説き、自分でも実践してきた私からすれば、人生は十年間の生き方によると言えます。

別の言葉で言えば、十年かければ、どんな人間にもなれます。

何かの資格を取る時、試験合格のための教科書が全部で何ページあるかを調べます。

例えば全部で一万一千ページあれば、一日三ページ。

あせらず地道にしっかりと一日三ページマスターしていけばその資格が獲得出来ます。

人間は知識が蓄積されればされるほど、その事に精通してきますから、三年もやると一日四ページやっても頭に入るようになります。

四年もやると一日五ページ、五年もやると一日六ページとなって結局は十年もかからず資格が取れるものなのです。

私もそうして東洋思想を学んできました。

○心を逆転させる

心を煩《わずら》わすのが、外から入ってくる情報、他人の自分に対する評価評判、噂《うわさ》話などです。

気にすればするほど大きくなります。

思い悩むほど重くなります。

そういう時の対処法には二つあります。

一つは気になった途端、まだ小さいうちに、例えば気になる本人に会うなり、電話なりして潰《つぶ》してしまうこと。

もう一つは、何しろ十年先を目標にして、誰もが認めるほどの実力を身に付けてしまうこと。

つまり気にしたり思い悩むそのエネルギーを、実力向上の努力の方へ向けてしまうことです。

気にしなくなる、思い悩むことも忘れてしまうほど、トコトン集中して実力向上に励むのです。

必ず十年後は、誰にも何にも言わせないほどの実力の持ち主になっています。

○長生きは三十代で決まる

「長生き」などと言うと、それは老人の話だろうと、若い人は読んでくれません。

いや違うのです。

長生きするかどうかは、三十代からの生活習慣で決まるのです。

その要点は何か。

頭の柔らかさを保つこと。

知的好奇心を持ち続けること。

意欲的な心を失わないこと。

以上をよく読んで下さい。

三点とも年取ると忘れ、不足し、反対になりがちのことばかりなのです。

先輩を見ていて最近気付いたのは、これは年取ってから気付いても遅い。

三十代から心がけていなければ続かないということです。

若くても頭の固い、柔軟性に欠ける人はたくさんいます。

若くても関心事がこれといってないという人も多いのです。

更に今度はこれにチャレンジしてやろうと挑戦目標もなく惰性で暮らしている若人《わこうど》が何と多いことか。

これでは日本の明日は暗い。

○自分の人生を生きる

私は六十歳の時これまでを振り返って、随分変わった人生を歩んできたものだとつくづく思ったものでした。

しかし同時に思い知ったのは、それはすなわち、多くの周囲の人々に心配をかけ、助けていただき、迷惑をかけてきたから出来たことなのだということなのです。

穴があったら入りたいとはこの事です。

スリルに富んだ人生など本人はよいでしょうが、傍《はた》の人間はたまりません。

還暦を機に、恩返しの人生を歩まねばと痛感したのです。

気付くのがひどく遅かったと思いますが、それから十年経って、いま痛感するのは、あの山あり谷あり、多様な体験ありの変わった人生を生きてきたからこそ出来ることは、実に多いということです。

反対に学校エリートで官吏《かんり》の道を一直線という友人もたくさんいますが、これで、「だから出来る」ことが多いのです。

要は「自分の人生」を生きるかどうか。

自分の人生とは、「何を大切に生きるか」ということです。

誰が何と言おうと自分がこれこそ大切にしようというものを強固に持ち続け、やり続けることです。

筋を通すでも、型を守るでも、信仰を持つでも、朝の掃除でも、ボランティアを続けるでもいいのです。

是非大切にすることと、その為の時間を持ち続けてください。

○目先と先行き

目の前ばかりを見て歩いていると、どうなるのか。

行く手が行き止まりであったり、断崖絶壁《だんがいぜっぺき》であったりすることにも気が付きません。

目先ばかりを気にして暮らしていると先が見えない。

先が見えないとは、とても不安に襲われることになります。

反対に先ばかりを見ているとどうなるのか。

目の前の穴に気が付かないことになります。

ではどうすればよいか。

その為にはまず「人生計画」をしっかり立案して、先行きを明確にさせる。

希望に輝く先行きを見ることになります。

そしたら今度は、そこに向かって「確かな一歩を慎重に」毎日歩み続けることなのです。

こうすれば両方見えるのです。

是非やってみて下さい。

東洋思想に学ぶ

○「子曰《しい》わく、学びて時に之《こ》れを習《なら》う、亦《ま》た説《よろこ》ばしからず乎《や》」

西洋では『聖書《バイブル》』、東洋では『論語』と言われるように、普遍的な人間の指針を与えてくれる人生のガイドブックが『論語』です。その巻頭を飾るのがこの名文です。人生は学びだ。学んだら、しばしば習わなければならない。習うとは、何度も何度も繰り返し実習して身に付けること。そうした結果自分は必ず向上する。それこそが人生最大の悦《よろこ》びだ、といっているのです（詳細は拙著『論語の一言』『論語の名言』をどうぞ）。考えてみれば人生とは、如何《いか》に愉快な日々を得るかにあるわけで、勿論「苦も楽のうち」ですが、特に六十歳からは何よりも望みたいことです。

そうして考えてみると、やはり愉快な状況は外側にあるのではなく、自分にあることに気付かされます。

更に、僅《わず》かずつ、ほんの少しでよいから、不愉快なことに敗《ま》けない自分をつくること以外に良策はないことにも気付かされるのです。

その要点は、「六十にして耳順《したが》う」にあります。そのコツは、腹の立つ事など聞いても「そう言われりゃ、そういうところ私にはあるよ」と一応受け止めること。すると何故かすぐ忘れられます。反発や逃げは厳禁です。そうするといつまでも追いかけてきます。

私は今年「他人を愉快にする研究」に徹したいと思っています。

○「君子は本を務む」

前項の「学びて時に――」の次に出てくる文章がこの名文です。

内容は、「その人柄が孝や弟に充《み》ちている人が、上司や年長者を軽視したり、ないがしろにしたりすることは少ない（其の人となりや、孝弟にして上を犯すことを好む者は鮮《すくな》し）」

「上司や年長者を軽視したり、ないがしろにすることを好まない者が、社会を乱すような行いを好む者は、いまだかつてない（上を犯すことを好まずして乱を作《な》すことを好む者は、未だ之れ有らざるなり）」

そこで出てくるのがこの言葉なのです。

「君子は本《もと》を務《つと》む」

立派な人物というものは、何事でも、その根本を知り、根本を正すことを行うものだ、と言っているのです。

何故根本から直すことが大切かといえば、

「本立ちて道生《しょう》ず」

根本には必ず道義というものがあり、これを復活させることになるから、きれいさっぱりに直すことが出来るのです。

現在生じている「いじめ」にしろ「体罰」にしろ、とかく対処法は、「規則の強化」「法の整備」という枝葉末節《しょうまっせつ》的なことになって本末転倒になってしまうものですが、根本にある「人間の心」を正さずして何事も根本的解決にはならないことを忘れないことこそ、最重要なことです。

○人生の方程式

儒家の思想から老荘思想、仏教から禅、そして神道と、興味の趣《おもむ》くまま、逍遥《しょうよう》を続けているうち、気付けば古希《こき》にまで至ってしまった、というのが実感です。

「日暮れて道遠し」

しかし、焦《あせ》る気持ちを抑えて、一歩一歩ゆっくり、楽しんでいこう、とも思っています。

そこで、では先述の東洋の考え方は、まとめれば一体何を言っているのか。

実はいくつかのことしか言っていないのです。

その一つ。

より良い人生、私流にいう「愉快な人生」には秘訣がある。

それは次の、「人生の方程式」を承知して生きることだと言っているのです。

人生＝積極志向×努力×人格（信頼）

人生とは、まずその心構え、気持ちの持ちようが大切です。

何といっても、一番良くないのが「消極的な考え方」です。

うまくいかない事は、上司が悪いから。部下が悪いから。景気が悪いから。運が悪いからなど、「他責」にしてしまい、他人を怨《うら》んで生きているような人。

悪い事も良い事も全部自分が原因だという「自責」をもって生きるべきです。

努力は、やはり外せない大切な要素です。

「天才とは、努力が身に付いている人」と言います。

そして「信頼」なくして、より良い人間関係なし。『論語』も「信なくば立たず」と言っています。

信頼を得る為の最大の要因は、「嘘偽りのないこと」です。

したがって「正直《しょうじき》」が重要なのですが、それを含めてやはり「人格」が問題になります。

したがって人生とは、正直に徹して自己の人格を磨くことです。

○見えないものを見る

東洋思想と付き合ってから既に四十年以上になります。そんなに長く続けられるには、何か余程面白いところがあるのだろうと言われます。

そこでその面白さを一つ挙げれば、やはりこの「見えないものを見る、聞こえない声を聞く」、あるいはそうした心境と言えます。それでは「見えないもの」とは何か。

例えば「人の心」や「明日」や「遠く離れた所」などです。人の心などは、やはり面白い対象です。それが読めるようになると「人間通」になり、まさに面白いように物事が円滑に進むようになります。だから、仕事のベテランになる為にも東洋思想は有効なのです。

例えば『論語』は、人間関係の細かいイロハから卓越した関係づくりまで、書かれていないことは無いと言えるほどです。更に東洋思想は「無」とか「空」を扱います。これこそ人間としての在るべき様を表しています。例えば「無私」ですが、これなどは東洋思想の真骨頂《しんこっちょう》でしょう。

「私を失わずに私を忘れ、公を重く見ること」です。この微妙な感覚こそ面白さの最たるものと言えます。更にそこから「見えないものが見えてくる」という究極の面白さが広がってくるのです。

○根本に徹する——東洋思想の説くところ（1）

東洋思想の説くところを一つ挙げろとなれば、それは「根本に徹する」ということになります。

とかく人間は目の前にあり、見やすいこともあって、枝葉末節を追ってしまうものです。

特に現代人は、専門家に対するあこがれと尊敬の念が強い。

こと細かく物事を知っていることが専門家たる所以だと思っているから、どうしても枝葉へと目がいってしまう。

枝葉は無数にあり際限《さいげん》がないから、結局本質に到達せぬままエネルギー切れとなってしまう。

また根本を見いだすためには、相当の知識と経験、人間的力量を必要とするから、なかなか実行しようとしない。

だから尚更遠い存在になってしまう。

儒家も道家も、仏教も禅、神道も共通して説いているのはこの世の根本を見いだす為にも、根本を問い、叩けと言っています。

いかなる問題も、この問題の根本は何かと問い続ける。

いかなる学びも、この根本は何かというところを学ぶ。

いかなる人生も、人生の根本は何かを明確にして、それを確立することを第一義とすることです。

根本は一つです。
更に根本は全ての大本ですから、一挙に全てが見えてくる快感があります。
「この根本は何か」を繰り返して下さい。

○あくまでも自分が大本《おおもと》――東洋思想の説くところ（2）

東洋思想は外側よりも内側を重視します。
したがって内側の内側である「自分の心のいま」を見詰めろと命じます。
見詰めたらそこにあるものを書き出して下さい。
そうやって自分の心をよく知ることこそ、自分を知ることの第一歩です。
自分を知ると、自分のすべきことが気になります。
自分は何の為にこの世に生まれてきたのか。
何を行い、果たすべきなのか。
自分の役割が気になります。
あれこれ考えて下さい。
それを書き出して下さい。

これが「自覚」を生みます。
自覚こそが生きていることの証明であり、意味です。
自覚すべきことは何か。
父親であること。
夫であること。
課長であること。
プロであること、などを自覚していきます。
またそれを書き出して下さい。
自覚すべきことが判然としたら、果たすべき役割をどのように果たすか、5W1Hに
書き出して下さい。
それをいつも見て実行実施実践して暮らして下さい。
内面の強化とはこういうことです。
揺らがない自分をつくる。
自己の確立とはこういうことを言うのです。

○宇宙の根源と一体になる――東洋思想の説くところ（3）

東洋思想は、結局何を説いているのかといえば、「宇宙の根源と一体になる」ことです。

仏教や禅は悟りに至って可能になる。

儒家の思想は、天との一体化、道家の思想は、道との一体化を説いています。

向かうところが全て同じ一点、だから「帰一」と言います。

どのような意味があるのかといえば、そもそも人間はこれら宇宙の根源の一部であったが、この世に生を受けた瞬間にそれを忘れてしまった。

この現実世界の荒波の中を行く小舟のような存在になり、日々押し寄せる難題や重大事と闘っているそうした時こそ、宇宙の根源と一体化することの実感が重要なのです。

坐禅、呼吸法、冥想などの実践法と経典や古典を読んで得る理論とがやがて一体となると、宇宙の根源との一体化の時がやってきます。

○無に至る——東洋思想の説くところ（4）

儒家の思想と道家の思想、仏教と禅仏教、そして日本古来の神道、これが私の専門領域です。

ではこれ等《ら》に共通する概念はあるのか。

強いて言えばそれは「無」でしょう。

これであれば西洋哲学の人も加わって議論が出来るぐらいの広がりがあります。

では、その「無」とは何でしょう。

似たような概念で「空」があります。

これと対比して説明しましょう。

少々強弁《きょうべん》すれば、空はまるっきり無いことです。

「色即是空《しきそくぜくう》」というのは、人間の肉体というものは、そもそも無いものだと言っているのです。

したがって肉体上の悩みなどは、そもそも無いもので悩んでいるのですから、全くナンセンスなこととなります。

「無」は、無というものがあるのです。
まずわれわれが目で見える世界、「有」があります。
しかしこれはとても狭い世界です。
だから有限なのです。
その世界の左右に見えない世界が無限に広がっています。
これが「無」の世界です。
見えない世界を見ることは人間の夢です。
それを追いかけているのが東洋思想です。
ではどうすれば見えるのでしょう。
「無」になることです。

○この世は二つで出来ている――東洋思想の説くところ（5）

西洋近代思想の特長の一つに「二元論」があります。
ここから我々はどっちか一つを取るという思考が当たり前になっています。
しかし東洋では、必ず二つを考えます。

「陰と陽」です。

陰があれば、陽がある。

反対もしかりです。

陰は「充実革新」を表し、陽は「拡大発展」を表しています。

ですから、自分や社業が拡大発展をしている時は、陽の時ですから、必ず陰、充実革新を考えることが大切です。

更に陰の時の自己変革や自社改革が、やがてより良い拡大発展を生むことになります。

したがって陰の時、スランプや停滞の時こそ、ヤケになったり、クサらないで、充実革新につとめることが肝要です。

○美しい心で生きる——東洋思想の説くところ（6）

真の幸せはどこにあるのか。

それはやはり「心の満足」ということになります。

ではそれはどこからくるのか。

それはやはり「感謝の心」からくるのです。

生きていること自体に対する感謝の心を忘れない為に、「生きてるだけで百点」と言っています。

そこで問題になるのがこうした心を乱すのは何か、です。

まず「強欲——欲張り」があります。

もっともっとと次から次へと望む気持ちです。

次に「喜怒哀楽」の感情があります。

これがあるからこそ人間なのですが、これもコントロールできないといけません。

そのキーワードこそが「邪《よこしま》」という心です。

邪道、邪悪、邪気、邪言などです。

特に他者に対する悪口はいけません。

邪気を強化してしまうことになります。

幕末の大儒佐藤一斎は「志あるの士は利刃《りじん》の如し」「利刃よく邪を斬る」と言っています。

志を持ち、只管《ひたすら》それに向かって生きる。

つまり「美しい心」で生きれば反《かえ》ってくるのは美しい心ばかりになります。

○冷静な方が勝つ──東洋思想の説くところ（7）

「孫子の兵法」をはじめとする武経書では、共通して説いていることがあります。それを一言すれば「冷静さ」の重要性です。

ちょっとしたことで直ぐにカッカして怒り出したり、興奮したりする人は、必ず敗けるといっています。

どのような状態でも茫然自失《ぼうぜんじしつ》にならずに、泰然自若《たいぜんじじゃく》を保持した人が勝つのです。

自失とは、自分を失ってしまうことで、自分が何をどのように発言し、行動しているかも判然としていない状態を言います。

それこそ戦略思考の一片も無いわけですから、相手からすれば容易に勝てる相手となります。

どんな状態でも冷静さを失わず、頭脳が整理整頓して働いている人は、的確な判断と有効な手段が繰り出せますから、相手からすれば手強い相手です。

幕末の志士には、剣術や禅の修行で鍛え、古典の書で根本をマスターした文武両道の達人がたくさんいました。

年々このような日本人が少なくなっているようで、心配の種です。

○羽包む精神――東洋思想の説くところ（8）

「はぐくむ」をいま辞書を引くと「育む」と出てきますが、本来は「羽包む」と書きます。

まだ飛ぶことの出来ない幼い鳥、雛《ひな》を親鳥がその羽で包《つつ》んで守り育てることです。

神道や仏教や中国古典思想には共通してこの精神が強く流れています。

対立しない、対決しない、拒否しない精神です。

「ああ、そうか、そうか」と何物をも受け容《い》れる精神です。

したがって東アジアの精神には、他宗教を排撃したり、拒否したりするところはありません。

アジア主義は本来何物をもまず受け容れるという度量と許容の広さ、好い加減で曖昧な良さがあるのです。

この懐《ふところ》の広さこそが私達の伝統にあります。

西洋近代思想の厳格主義と大いに違うところなのです。

この精神こそ二十一世紀の世界で最も有効な姿勢だと思うのです。

何物でも受け容れる精神、羽包《はぐく》む精神、忘れないで下さい。

○自然に神すら感じる——東洋思想の説くところ（9）

前項の続きのようになりますが、私の領域とする「儒・仏・道・禅・神道」には羽包むという精神があり、これが二十一世紀にはとても大切になるのだと主張しています。

その根底には何があるのか。

「柔らかで、しなやかな精神」言い換えると「強靭《きょうじん》な心」があるのです。

このところ大災害に見舞われることの多い我が国ですが、この心がいまだ失われずに生き続けていることが救いです。

ということは、もっと意識的にこの心や精神の強化を行う必要があります。

その要点は何か。

「自然との共生」です。

自然に神を感じ、信仰にも高めた日本の伝統を見直すべきです。

自然とは、ネイチャーの意味もありますが、自《おの》ずと然《しか》りとも読みます。

自分にやってくる運命を受け容れ、しかし、しなやかに強くそれを乗り越えて先へ行く精神です。

大いなる自然と共に生きることです。

大いなる自然の営みに同化して生きることです。

○やっぱり『論語』だ

『論語』は六十歳以前には、なかなか良い講義が出来ない難物でとても苦労させられました。

何故かといえば、「説教」のような、「教訓の押し付け」のような講義になってしまうからです。

六十歳を過ぎると、年齢を重ね経験を重ねますから私の方も余裕をもって客観的に読めるようになります。

だから面白く話すことが出来るようになるのです。

このところまた「『論語』講義」の依頼が多くなりました。

何故だろうと考えてみると、『論語』は西洋でいう『聖書』だとよく言われます。

つまり人間の原点、在り方、長所と欠点がズバリ述べられているから、基本に返ろうとする時に、実に役立つのです。

人間にとっての基準であり、規範なのです。

拙著に『いい人生をつくる論語の名言』という文庫本があります。

約一年間現代人の迷いや悩みを数多く聞いて、適格な答えを『論語』で出すことを行って作った本です。

したがってこの間は『論語』の言葉がしばしば夢にまで出てくるぐらい集中して読んだものです。

その結果私が最も強く感じたことがあります。

それは孔子は実に欠点の多い人であった。

しかし実に多くの欠点を克服した人でもあった。

『論語』とは、その記録である、と。

○老子と孔子

司馬遷《しばせん》の史記の列伝に、孔子が老子に会いに行く件《くだり》が描かれています。

老子は言下に孔子にこう言います。

「君の他人より優れたいという気持ちと多くのことを身に付けたいという欲、格好つけた態度といやらしいほどのやる気を、みんな捨てなさい」

帰って来た孔子に弟子達は「老子はどういう人でしたか」と聞きます。

孔子は答えます。

「まるで竜のような人であった」

この文章を読んで私は、「やっぱり」と思ったものです。

老子の本質は竜であったか。

それから私の老子の読み方はガラリと変わり、「絶対自由の境地は、竜のようにならないと得られない」と痛感したのです。

それから数十年経って、いま気になるのは、そこではなく、その前の件です。

何故老子は孔子に手厳しく痛烈に批難の言葉を浴びせかけたのか、ということです。

結論から言えば、「惜しい。この人物からこの欠点を取り去れば、相当な老荘思想の人物になるのに」と思ったからだということです。

つまり老子の人間に対する溢《あふ》れんばかりの愛情を感じるのです。

「出会う人に対する溢れんばかりの愛情」

これこそが両親の我が子に対し、上司の部下に対し、教師の生徒に対する忘れてはならない心なのです。

生き方・考え方

○「生きてるだけで百点」

これは私の言葉です。

二十五歳の時に、突然の事故から生死をさまよい、何度かあの世へ行ってから、つくづくと心に湧き上がるのがこの言葉です。

思えば何度この言葉に助けられたことか。

人間には欲があります。これが実に厄介なものなんです。

物が無ければ、一つでよいからと欲しくなり、一つ得れば、もう一つあればもっとよいとなって、気が付いてみれば、五つも六つも手に入れても、更にもっとと欲張ることになります。

際限がなく、しまいには欲に使われて生きることになります。

そうした欲の過剰な攻撃にストップをかけるのがこの言葉です。

「生きてるだけで百点なのに、その上何が欲しいというのか」。

そうだな。こうして生きているから、美しい夕焼けの空も見られるし、家族との団らんだってある。

良い友達にも会えるし、良い本にだって合える。

「生きてるだけで充分じゃないか」

と自分に言い聞かせると、いままで勢いよく襲ってきていた欲というやつが、途端にしぼんでしまい、見る影も無く敗退していくのだから不思議です。

○「やめたい時が伸びる時」

これも私の言葉です。

私のような職業をしていると、どうしても相談事をもちかけられることが多くなります。

若い時は同年輩でもあり気安さもあってとても多かったのです。

その相談事の大半が「会社をやめたい」というものでした。

数多くこなしてくると、そこに一つの法則めいたものがある事に気付きます。

まず、とうに退社を決めているのに、ダメ押し的に聞いてくる人がいます。こういう人は、何を言っても自分の都合のよいようにしか受け取りません。「やっぱりそうか。やっぱりやめた方がいいんですね」などと、誰もそんな事言っていないのに勝手に受け取ってしまうのです。

ほんとに迷って相談に来た人は、「もう一ヵ月頑張ってみたら」とすゝめた人の大多数は、何とその後定年までいる人が多いのです。

小中学生も同じで、私の教え子の教師に聞くと、「部活をやめたい」と言ってきた子のうち「もう一ヵ月頑張ってみたら」とすすめた子の多くは、そのまま続ける子が多いといいます。

つまり天は、その人の実力が伸びる時を、「やめたくする」という方法で知らせているのです。したがってやめたくなったら「しめた」と思ってもう一ヵ月続けてみることです。

○今日が最後と思え

誰でもが体調不良、仕事不調で何となくやる気が起こらないという時があります。

私もこのところ特に夏場に、極端な体調不良に襲われ、高見盛《たかみさかり》さながらに自分にカツを入れても、どうしようもないという時があります。

そうした時、よみがえってくるのが、「今日がこの世にいる最後の日かもしれない」という思いです。

二十五歳の時の生死の境をさまよった体験から、何度も襲われた思いですが、これが起こってくると、しゃんとした自分になるのだから不思議です。

「そうだ、今日が最後の講演だ！」と思い知らすと、体の奥底から不思議な力が湧いてきて、「悔いのない話をしよう！」と心が決まります。

何度救われたかしれません。

去年の暮れに、何気なくテレビを見ていたら、ダルビッシュ投手が、次のように言いました。

「相手に勝つ為には、まず自分に勝たなければ駄目なんだとか、そりゃいろいろなことがわかって、それが後半の順調さの柱になっているんです。でも、何といっても決め手は、今日が最後の試合だと思ってマウンドに立つ、これを徹底させたことです」

やはりこれが最後の××だと思うことなんですね。

××に入る言葉。職場、会議、面会、食卓、団らん、会話、カラオケ、読書、交渉、準備、散歩……。

○悲観的に準備して、楽観的に行動する

私を助けた言葉の数々をご紹介しているわけですが、これなどはその最たるものです。特に私の三十代は、事がうまく運《はこ》ぶことが少なく、八方塞《ふさ》がりになることも多く目の前真っ暗という状態でした。

気の晴れる日とてない暗鬱《あんうつ》な日々がえんえんと続き、会社経営という職業自体の見直しを行うべきかと思うまでになった時、「いやもう一度トコトンやって、それでも駄目ならスパっと止めよう」と思いました。

そこで「何故駄目なのか」をじっくり考えてみました。原因と思えるものがいろいろ挙がります。しかしそれはあいつが悪い、こいつが悪い式の「他責」ばかりでした。

そのこと自体に嫌気がさします。そんな情けない自分にウンザリしたのです。こんな

状態では何をやってもうまくいくはずがない。「自分の何がいけないのか」これに気付かなければ、物事は解決しないのではないかとつくづく思い、それを考えてみようということになったのです。


その原因を書き出してみると、いろいろ出てきました。

次にそれ等をまとめていくと、最後に出てきたのが次の言葉でした。

「楽観的に準備して、悲観的に行動している」

そうか、とつくづく思いました。これでは駄目だ。これではうまくいくはずがない。

この時ばかりはいやというほど自分の本質を思い知らされた思いでした。

翌日の早朝から、私は生き方を変えました。これこそいまの愉快な人生の基本をつくってくれた言葉なのです。

○足るを知る者は富《と》む

どんなに大富豪になり、高位高官になっても、不平不満の持ち主では富者とは言わない。

反対にどのような状態であっても感謝の心を失わない人を富者と言う、という意味です。

他人と比較して自分を見てしまうと、どうしても不平不満が生じるものです。

更に人間には欲があります。欲はどんどん大きくなる習性があります。例えば一つ得るとすぐに二つ欲しくなる。二つ得ると三つ欲しくなり、やがて欲に使われて生きるようになります。恐ろしいことです。

五十歳を過ぎた頃、私も何とか「心穏《おだ》やかに」生きたいとても強く思いました。

まずは他人との比較は一切遮断して「他人《ひと》は他人、自分は自分」と思うことから始めました。

コツはいつも自分の心を見続けて、決して他人を見ない。見ても真剣に見ない。ボーと見る。真剣に見るのは自分の心だけに徹底することです。

ダメ押しでやるべきがこの言葉です。

私もちょうどそうした時、待望久しかった柴犬の「愛犬」とめぐり会ったのです。

そうだと思い、この言葉から「富《とむ》」と名付けました。それ以来名を呼ぶたびにこの言葉を思い出し、「こんな可愛いヤツに恵まれた上に、何を望もうというのか」と思い、感謝感謝の毎日を生きられるようになりました。

○七分の効用

人間とは存外単純なもので、ちょっとしたことで自分すらも自由に扱えなくなるのです。

まず「食べ過ぎ」
もう何も食べられないほど満腹になって、百メートル全力で走ってくれと言われても、出来る人は少ないでしょう。
次に「入れ過ぎ」
口ったけ一杯に水を入れたコップを持たされた瞬間から、人間は身体の不自由を感じます。
次に「買い過ぎ」
両手一杯の荷物で身動きとれない時。

こうして考えると人間にとっての大敵こそ、「過ぎる」ことなのです。

この他にも、「言い過ぎ」「飲み過ぎ」「働き過ぎ」「考え過ぎ」など弊害はたくさんあります。

過ぎることの恐ろしさを説いているのが、「老荘思想」です。


そこで何をすすめているかといえば、「節度」です。

具体的には「七分」をすすめています。

上記に挙げた過ぎることを、全て七分に改めて下さい。

身も心もすっきりします。

健康に心泰《やす》らかに暮らす秘訣こそ、「七分で満足」なのです。

○心の革新

私の人生最初の本格的分岐点は三十四歳の時です。

生命の危機に至る大事故の後、入院から退院、通院リハビリの五年間が過ぎ、いよいよ社会復帰となった時、唯一の選択として「起業」、と言うとカッコいいのですが、ほそぼそと会社を創業しました。

それから約五年、苦労続きでした。

忘れもしない三十四歳の十月二十四日のことです。

全てが行き詰まりました。

万策尽きるという状態になり、何も進めない事態に、「どうしようか」とただ考えこむだけです。

眠ることも出来ず、ただひたすら「打開策」を考えていました。

夜も明ける頃、はっと気付いたことがあります。

まずうまくいかない原因は全て私自身にあること。

それも私の「考え方」、物事の「受け取り方」、したがって「やり方」に原因がある事に気付いたのです。

その最大の問題点は私の心にある「不平不満」にありました。

何に対しても「不平不満」です。

その時の状況も、在り方も、つまり自分を取り巻く全てに「不平不満」を感じていました。

いってみれば「不平不満」の心が、全てを「不平不満」の結果にしていたのです。

したがって全てを逆転させる為に、本来「有り難い」「感謝」「満足」と思うべき事をじっと考え、紙に書き出していきました。

すると三十も四十も挙がるのです。

びっくりしました。

自分がこんなに恵まれた環境にいることをつくづく実感したのです。

全てが上向いてきたのはその一ヵ月後のことです。

心の中の「不平不満」の一掃《いっそう》です。

○当たらずといえども遠からず

「四書五経」の中の一つ『大学』に出てくる言葉です。

これから嫁《とつ》ぐ時に、わざわざその為の学校へ行くか。

主婦学校、出産学校、子育て学校などへ行くだろうか、というのです。

そんな人はいやしません。

では、どうしているのか。

大体の人は、ひたすら熱心に精根こめて行う。

つまり「真心《まごころ》こめて」行うしかないわけです。

それで何故うまくいっているのか。

「真心こめて」行えば行うほど「当たらずといえども遠からず」になるからです。

転属や異動などでこれまで行ったことの無い仕事につき、今日から責任ある仕事をしなくてはならない人はたくさんいます。

そうした人に、私は必ずこう言います。

「当分の間、何事も真心こめてやって下さい」

そうすれば、そう大きな誤りはありません。

何故なら「当たらずといえども遠からず」になるからです。

○無私の強さ

西郷南洲にしろ、吉田松陰にしろ、あの猛烈な人間的魅力は、どこからくるのだろう。

もし仮に自分にああした人を引き付けてやまない力があれば、何ごとも大成功するのにと思っている人は多いはずです。

私の解明から言えば、その源泉は「無私の心」だと断言できます。

したがって、仕事がうまくいき、昇進昇格して収入も倍増し、豊かな暮らしを得たいと思っているならば、それ等の私欲を一切捨ててくれと言いたいのです。

そしたら、全て得られるのです。

何故この心が障害になるのかといえば、自分の事しか考えていないからです。つまりこうした利己主義の人間を多くの人は好きになるだろうか。

協力し、手助けしようと思うかどうかです。

ここまでが正論です。

でもやはり昇進昇格も、多くの収入も、豊かな暮らしも欲しいものです。

捨てられないのが人情でしょう。

ではどうするか。

「大欲を持って下さい」

独りだけ豊かになろうとするから嫌われるのです。

全員で豊かになろうとすれば、全員から支持され、むしろ尊敬さえされるのです。

結果として自分が豊かになるのですから、良いではありませんか。

○ほど良い自分勝手

年齢を経てくると、少々の自由の時間でも実に貴重なものです。

何事もスローテンポになり、休み休みやることになるから、時間が若い時の倍必要になるからです。

だからますます自分の時間が足らなくなる。

そこで考えてみると、「付き合う時間」というのが何と多いことか。

他人の誘いや依頼に付き合って費《つい》やされる時間のことです。

時には良いでしょうが、いつもとなると困ります。

人生の成功者と言われる人は、この点はどうしているのだろうと調べてみました。

結論は「結構自分勝手に生きている」というのが答えです。

しかしさすがに成功者です。

しっかりしたルールがあります。
①自分でなくても、他の人でも間に合うか。
②生命《いのち》に負荷がかかるか。

③志の成就に影響があるか。
実に筋が通った自分勝手なのです。
また「ほど良い」ことも大切です。
三度に一度は付き合う。
つまり「ほど良く筋が通った自分勝手」を身に付けているのです。

○感謝で生きる

一年を振り返って起こる気持ちは、「感謝！　感謝！　感謝！」のみです。
あの事、この事への感謝もありますが、一日を成り立たせていること全てへの感謝です。
朝が来てくれて、ありがとう
また今日も生きている、ありがとう
私の妻でいてくれて、ありがとう
朝食が食べられて、ありがとう
今日もおいしい、ありがとう

生きる意欲に、ありがとう
仕事があって、ありがとう

一日のどの場面を考えても、そうあること自体が感謝を感じることばかりです。

私の若い頃は反対でした。

何事もうまくいかない。

だから感謝どころか、いつも怒っていました。

客観的に言えば、怒らざるを得ない人生とは、結局はそうした一日一日を私が望んでいたということです。

人生とは、自分の望んだ通りになるのです。

一刻も早く、望みを完全完璧に感謝に変えて下さい。

そして感謝せざるを得ないことばかりの一日を生きて下さい。

○この世の道理

谷があるから、山がある。

谷がなければ、山もない。

スランプがあるから、絶好調がある。

スランプがなければ、絶好調もない。

悪い時があるから、良い時がある。

悪い時がなければ、良い時もない。

何故なら、スランプや悪い時こそ懸命に練習し、工夫を繰り返し、一心不乱に考え、いわば全力で生きているのです。

更に自分の実力を向上させ、自分の可能性を切り開き、何とか脱出しようと力を振るうのです。

こう考えれば、むしろ本番はスランプや悪い時なのです。

○引き返す勇気

進むのと引き返すのとどちらが難しいか。

断然引き返す方が厄介です。

一人の時も勿論ですが、多くの人と一緒の時はなおさらです。

労力を無にさせることになり、皆は当然快《こころよ》くは思いません。

そういう時どうするか。

このまま進むと被害はますます大きくなることを誠心誠意説明する。

更に引き返した暁《あかつき》には、再び新しいスタートが待っている。

間違ったことを糧《かて》にすれば、今度は成功の確率は高くなることをじゅんじゅんと語るのです。

○欲張りとは何か

欲張るとは、一体どのようなことだろうか。

よくよく考えてみると、個人差があることに気付きます。

同じ分量でも、私には欲張りとなる分量でも、立派な人には当たり前の分量になる。

これはどういうことか。

ずばり、実力の差が出るのです。

私には多過ぎるとは、私の実力に比して、ということになるのです。

そうか、分量を多く貰っても欲張りにならない秘訣は、人間的な実力を上げることなんだ、と気付くことです。

○努力の限界を知る

何事も、「ほど良さ」というものがあります。

特に巷間《こうかん》良いとされていることは注意を要します。

例えば「努力」です。

良いことだし、成功した人間は全て努力家といってよいでしょう。

しかし、努力にもやり過ぎということがあります。

怖《こわ》いことに、根本的に身体を壊《こわ》してしまったり、折角の天性の資質を傷つけてしまったりします。

その限界は何でしょう。

努力は辛《つら》いものですが、どこかに楽しさも感じるものです。

この遠くの楽しさも感じられなくなった時、それが限界です。

○年寄り相応に

「若いですね」と言われれば、それは悪い気はしません。

私のように単純な人間は、テレながらも少々誇らしくなるほどです。

しかし、冷静になって考えてみれば、この言葉は、若い人には決して使いません。

したがって、「年寄りですね」と言われているんだと、この頃やっと気が付いたのです。

となれば、今度は「年寄り相応に」振る舞うしかありません。

その秘訣は「５Ｋ」です。

「謙遜・賢慮・見識・倹約・健康」

○一歩から始める

社会が一段と忙《せわ》しくなってきました。

落着きを失っているように思います。

ゆったりしていることが罪のような感じ。

何しろ走り出さないといけないような感じに襲われている人が多いのです。

こういう時最も大切なことは何か。

「急がば回《まわ》れ」

一見遠回りのようでも、着実な方法で安全な道を行った方が、結局は実を結ぶ結果になるという意味です。

こういう世の中だからこそ「急がず騒がず」しっかりと気を入れて一歩一歩を大切にする。

これに尽きます。

実力を付けようと思う人は、そのテキストを一日一枚でいいからしっかり読んでしっかり理解して、しっかり行ってしっかり身に付ける。

そしてまた明日一枚。

こうして進めば、そのテキストの最終ページの頁数の日に、実力は必ず向上します。

反対に急ぐあまり一枚一枚を粗略に読んで、生半可にしか理解せず、行って確かめもしないで、直に次のページに移ってしまう。

これでは全て終わっても全て曖昧で絶対的な自信になりません。

これこそが「不器用な人間ほど大きく伸びる」という本意です。

何事も「一歩をしっかり」です。

忘れないで下さい。

○犬に教わったこと

愛犬、富《とむ》があの世に旅立ってから三カ月経ちます。

つくづく思うことがあります。

それは、「犬の力」というものです。

亡くなって始めて気付いたのです。

「和《なご》ませる力」、その空間をなごやかにさせる力なのです。

いつも愛想が良い。

一時として不愉快そうな表情はありません。

こちらが何かに熱中している時は邪魔しないように自分で遊んでいますが、私の手がすいて少しでも私の気が彼に向くと、間髪を容れず飛んで来ます。

いつでも嬉しそうなのです。

子どもがまだ小さい時に、私が小言を言い、叱っている時は必ずやって来て、「もうやめろ、充分だ」と私の膝を足でさすります。

更に何かショックなことがあると、必ずその人間のところへ行って顔を覗き込みます。気配りの権化と言えます。

結局彼は、実質的にはわが家の精神的リーダーであったのだと、つくづく思うのです。

ということは、私の役割りの一番重要なところを、代行していてくれたようなのです。

ありがとう、富《とむ》。

◯生き方のコツ

最近つくづく名言だと思っているのが次の言葉です。

「天下の難事、必ず易きより作《おこ》り、天下の大事、必ず細《さい》より作る」

老子の言葉です。

この世の物事の動きをズバリと言い当てています。

物事は育つ、大きくなる、厄介になる、のです。

病気だって、ほんの鼻風邪ぐらいの時、つまり対処が易しい時、軽度の時に完治してしまえば、重病は避けられます。

問題も、育ってしまうのです。

ちょっと気まずいぐらいの関係の時に、徹底的に話し合って解消してしまえば、大きな問題にはなりません。

ところが人間というものは実に怠惰なものなのです。

小さく軽いとついウッカリ、「まだいいか」と思ってしまうものです。

その時こそ、「この世の物事は全て育つのだ」と思って、「直ぐに対処！」です。

これこそ生きるコツの最たるもの。

この精神で生きれば、大した問題は無く生きていけるのです。

愉快な人生を生きるコツです。

○幸と不幸を分けるもの

交友三十年の友人が余命二ヵ月と言われてから、五年経ちます。

彼はこれまでにも何回も人生の危機に見舞われています。

例えば、ヘッドハントされて移った会社が倒産しました。

しかし心配して集まった我々友人に彼はこう言いました。

「良い経験をさせてもらった。倒産というものがよくわかったから、次は成功しかない。」

といって創業した会社は大成功、それなりの優良企業になりました。

スキーで骨折をしましたが、入った病院の院長と親しくなり、経営のアドバイザーとして、むしろ費用を出すべきところ、反対に謝礼を受け取って帰ってきました。

何故彼はこうなるのか。

理由は二つあります。

一は「明るい」のです。

何しろ明るく不幸を受け止めます。

そして二は「楽しもう」とする。

どうすればこの不幸を楽しめるかを考えるのです。

楽しんでいるうちに、いつしか不幸は幸に転換してしまうのです。

どのような不幸が襲ってこようと、「明るさ」を貫き通し、その不幸から何を学び、何を「楽しむ」かと考えているうちに、不幸の方があきれて逃げ出すのでしょう。

自分をつくる

○結局正直者が勝つ

私もこの年になると、人生の見極めが何とかつきだした、と思えるところがあります。妙な言い方になりましたが、要するに「愉快な人生」を得る秘訣が見えてきたということです。

ズバリ言うと「正直《しょうじき》」ということが決め手なのです。

正直などと言い古された、古色蒼然としたことを言うようですが、よくよく世の中を見て、多くの先輩達の人生を見て、これこそが人生最大の要点と確信したのです。

何故か。

正直の反対は嘘《うそ》です。

嘘がどうしていけないかといえば、他人を欺《あざむ》くからで、長年の信頼関係も一パツの嘘で吹き飛んでしまいます。

しかしもっと怖《こわ》いことがあるのです。

それは、その嘘を一番聞いているのは誰でしょう。

自分です。

常にもう一人の自分が、「お前、嘘つきだなあ」と自分を批難します。度重なってくると、もう一人の自分が自分を信じなくなってしまうのです。自分が信じられなくなってしまうのです。

自分が信じられると書くのが「自信」ですから、だんだん自信が無くなってしまうのです。

つまり、ここ一番の勝負の舞台や晴れの場で、自信の無さが出てしまう。これではうまくいきません。

いいこと言ったり、いいことやっても、自信無さ気にやるのですから、何を言ってもやっても駄目です。

恐ろしいことです。

人生は結局「正直」が決め手なのです。忘れないで下さい。

○一歩を踏み出したか

中国古典の名作『論語』にしろ『大学』にしても、聖人や君子の在り方を説いていますが、あなたに「聖人君子になりましたか」とは一言も問うていません。

問うているのはただ一点のみ。

「聖人君子へ向けての一歩を踏み出しましたか」と問うているのです。

人間の魅力とは何でしょう。

いろいろあるようですが、一つ極めて強力なものがあります。

それは「向上している人は美しい」ということです。

一生懸命に自己を向上させようと生きている人は、とても美しいものなのです。

人間の身体と心の構造がそうなっているのでしょう。

身体全体から「生きる意欲」が噴出しています。

そうした人の発言はいつも前向きになります。

自分を律し（自律）、自分に克ち（克己）、それが生き甲斐となって、「更に」とファイトを燃やしている（意欲）わけですから「自律、克己、意欲」の三拍子が揃ってその人の全身から噴き出てくるのです。

誰が見ても魅力満点です。

もっと言えば、この反対の人を思い浮かべて下さい。

そんな人魅力的でしょうか。

○「慎独」

何しろ江戸期の人が、貪欲《どんよく》に求めたものがあります。

それは「愉快な人生」です。

したがって幼年期から、この愉快な人生を求めて、その為の条件を身に付けることに熱心でした。

その為の条件とは何でしょう。

「立派な人間になること」です。


例えば他人から尊重され、何かにつけて頼りにされ、相談相手に選ばれる人生。

他人から軽視され、一段低く見られ、馬鹿にされる人生。

どちらが愉快か、です。

自分を立派な人間にする、と言えば、それはかなり難しい事だと多くの人は言います。

江戸期の人は、そう考えませんでした。

見るからに立派な人が、町中にごろごろしていたからです。

まず自分の親です。次に横丁のご隠居。長屋の大家さん。手習いの師匠に剣術道場の先生。

更に武家屋敷の一家。藩校の高儒など、町で擦《す》れ違う数多くの大人は、手本になるべき立派な人物です。

その人達もまた、愉快な人生を求めるからこそ、立派な人間に自分をしてきた人ばかりなのです。

では、その立派な人間になる為にどのようなことを行ったのでしょうか。

これが存外簡単なことなのです。

その最も重視した鍛錬の方法が、「慎独《しんどく》」なのです。


慎独——独りを慎《つつし》むとは、何か。

人のいない時、つまり独りの時、これこそ最も姿勢や行いを美しくするべき時だというのです。

「小人閑居《しょうじんかんきょ》して不善をなす」

立派でない人間（小人）は独りの時に、不善、見苦しく美しくないこと、悪い事を行うというのです。

こうして暮らしていると、自分を最も見ているのは「もう一人の自分」ですから、もう一人の自分が真の自分に対して「疑《うたが》い」を持ちます。

更にそうした悪事を働いている独りの時に、誰かが突然部屋に入って来たらどうするか。

きまっていま行っていた不善を覆《おお》い隠《かく》すのです。つまり嘘をつくのです。

この嘘を一番見ているのも「もう一人の自分」なのです。

もう一人の自分が真の自分に向かって言います。

「お前嘘つきだな。信用できないヤツだ」

自分で自分が信じられなくなる。自分不信になっていきます。

これを一年、二年と積み重ねれば、自分が信じられない自分になります。

自信とは、自分が信じられることです。

この反対になってしまうのです。

だから、ここぞという時にこの自信の無さが出てしまい、うまくいくこともうまくいかないことになります。

「慎独」、是非今日から徹底して実践して下さい。絶対に効果があります。

○「立腰」

江戸の自己鍛錬の方法です。

正々堂々の人物とはどういう人か。

揺るがないどっしりとした人間です。

その大本《おおもと》には、前項の「慎独」によって長年にわたって培《つちか》った自信があります。

もう一つ江戸期に重視されたことがあります。


それが「立腰《りつよう》」です。

ものに動じないことの最大の力は「胆力」と言われます。

この胆力こそ気力なのです。

「気海丹田」、臍《へそ》の下三寸、ここが気の生じる所であり、胆《きも》の在《あ》り処《か》なのです。

そうです。腸です。

日本人の腸は西洋人に比べて長く、身体は小さいので、いわば腸がぎゅうぎゅう詰めに入っているのです。

腸は生まれてから死ぬまで休むことなく、「蠕動《ぜんどう》運動」、小刻みに揺れて内容物を先に送りながら栄養を吸収しているのです。

つまり腸の働きを順調にさせる為には、下腹が常に広々としていなければなりません。

その姿勢こそが「立腰」なのです。

腰を立てれば自然と下腹も広々として腸も活発に働き、気力も充満し、胆力も自然と蓄養されていきます。


漢方では「気血《きけつ》」といい、血液も重視します。

血液は骨髄でつくられます。したがって背骨が真っ直ぐになっていればいるほど、血液づくりが活発になります。

この点からも「立腰」が大切なのです。

気は下から上へ、血は上から下へと流れます。これが逆になる時が、死ぬ時です。

したがって立腰で気血を活発にし、めぐりを円滑にすることこそ、健全に身体を保つ要点でもあります。

「慎独」に加えて「立腰」も忘れないで下さい。

○「克己」

西郷南洲が、終始一貫自分を立派な人間にする最大の要点として説いているのが「克己」――自分に克《か》つことです。

最大の敵を「自分を愛すること」と言っています。

利己主義こそ最大の敵、私欲私情、自分のことしか考えていないことの弊害を言っているのです。

更に、いつの間にか自分勝手に陥っていることも注意すべきだと言っています。

熱心さや情熱は、注意して周辺との関係を見守っていかないと、いつしか自分中心の行動になっているものです。

そのぐらい人間は、やはり自分が可愛いもので、私利私欲を抑制することは難しいことです。

だからこそ、西郷南洲が忠告をしているのです。

「克己」は、怠惰《たいだ》ですぐに手軽で易しい方を選ぶ自分、欲深で自分勝手な自分、放縦《ほうじゅう》でわがままな自分、そうした自分に克つことです。

克つとは何か。

自分の気持ちをコントロールできるとは、ある気持ちを自由に抑えて別の気持ちに変えることが出来ることです。

コントロール出来ることです。

例えば、腹立つことがあった。怒りがこみ上げてくる。

しかし、しばし待て。そんなことで怒ってなるものか。自分には何とも到達すべき志、目標がある。怒りのエネルギーは、その達成のエネルギーに使おう。

というように気持ちを切り替えることです。

こうしたことの訓練の秘訣を言いましょう。
まず何かにつけて自分に逆《さか》らってもらいたいのです。
さァ休みにしよう、と思った時、「いや休まない。もう三十分続けよう」と逆らう。
さァもう止めよう、と思った時、「いやもう十分やってから」と逆らう。
こうして自分に逆らい続けていると、
さァ怒ろう、と思った時、「いや怒らないよ。自分がどれほど冷静かを見せてやろう」と逆らえるのです。

自分という最も難しい人間が思い通りに扱《あつか》えると、人を使える人間になりますから、管理職にとっては必須のことです。

○「実践躬行」

人間は何事も身に付けるには、一つの方法しかありません。

それは「反復練習」です。

何回も何回も行うことです。

素振り千回、千本ノックなど、みなこの事を言っているのです。

そこで「躬行《きゅうこう》」です。

口で言うばかりでなく、実際に自分で行ってみるという意味です。

いま我々現代日本人は、これがひどく足りなくなっているように思います。

折角スポーツで反復練習の癖を身につけた人も、自分の人格向上に、それを使おうとしません。

これまでここで語ってきた「慎独、立腰、克己」などは、まさに人格向上の手っ取り早い鍛錬方法です。

しかしこれもやはり反復練習で、それこそ千回やらなければ身に付くことではありません。

ホームラン王の王選手は、素振りをバットではなく日本刀で行い、一回一回魂こめて行ったそうです。反復練習は数ではなく、真剣度にあるのです。

「学習」とは、学んだら必ず習うをやることという意味ですが、学ぶばかりで実習実践を行うことを疎《おろそ》かにしていては学習になりません。これでは知ってはいるけど、行うことは出来ない人間を育てていることになります。

言えるけどやれない人ばかりが多くなると、口達者は増《ふ》えるが、実行者がいない世の中となって、やがて社会は崩壊します。

したがって、「世直し」の第一歩は理想の社会など高い目標にあるのではなく、「実践躬行」の人を多くすることにあるのです。

どうか実践を重視した教育、研修を行って下さい。

○「地」から良くする

四十代の後半ぐらいの時です。

私は何しろ欠点の多い人間でしたから、一つ一つの欠点を書き出して一つ一つを潰《つぶ》していく毎日でした。

そうした努力の甲斐あって、大分欠点の少ない、どちらかといえば長所の方が多い人間になりました。

有り難いことに少しずつ仕事も家庭も人間関係もより良くなっていきました。

この調子で後五年も続ければと、先行きの希望も生じてきました。

ところが何と、良いところまで行きますが、そう思った瞬間とんでもない問題が生じて苦労させられるのです。

例えば人間関係なども、最良の状態で進んでいると安心したその時に、相手から来期からは取引を止めたいなどと言われてしまうのです。

何が悪いんだろう。

考えこんでしまいました。

自分の状態をよくよく反省してみて、はっとさせられました。簡単に言えば、外面《そとづら》はよいのですが、家族や側近の前、つまり内面《うちづら》が悪いのです。つまり「地《じ》が出る」などという地から直ってなかったのです。地から良くすることこそ最後の詰めなんです。

○嘘は自分についている

人が発する言葉は、実に恐ろしいものです。一言で長年の努力や苦労を無にしてしまうものです。反対に一言が絶大な信頼を得ることにもなります。その人の一言で最も恐ろしいものが「嘘」です。一つの嘘で長年の信頼関係にヒビが入った例を私はたくさん見てきました。「嘘はこわいもの」と肝に銘じて下さい。だからどんな最悪な関係も、嘘さえつかなければ何とか修復できるものです。さてこの嘘ですが、真にこわいその理由は意外なところにあるのです。嘘はたいがい他人に対してつくものです。

しかしよく考えて下さい。

他人は変わっても、一人変らずあなたの嘘を聞き続けている人がいるのです。

そうです、自分です。

実は嘘の真のこわさは、自分に対してついていることになるところです。

自分が自分に嘘をつき続けていると、どうなるのか。

「真偽のほど」

何が嘘で何がまことか自体がわからなくなるのです。

したがって言っていることに一貫性がなくなり、その事自体に自分もわからなくなってしまうのです。

これでは他人からの信頼は永久に得られません。

○逃げグセを正す

「自分をつくる」とは、どういうことでしょうか。

佐藤一斎は儒家思想を学ぶ者にとっては、捉え方や考え方でとても手本になる人ですが、この人は「自己の確立」と言っています。

その意味するところは、自分の内なる人間としての力を自覚して、それを発揮しやすくすることです。

「人間としての力」とは何でしょう。

精神と身体の力です。

別の言い方をすれば「不動心と機敏さ」なのです。

機敏さとは、何事も面倒くさい、億劫《おっくう》がらずに敏速に実行することです。

特に学ぶことには機敏になって下さい。

不動心の源泉は正義と道理です。

正義は「他者の為、公の為に働くこと」、道理は「伝統がつくったルール」です。

しかしもっとわかりやすく言えば「逃げない」ことです。

嫌《いや》なことや避けたいことから逃げないで、堂々と受け止めることです。

つまり、真の自分の力に気付くには、何事にも逃げないで正面から正々堂々と取り組むことです。

○疚しいことをつくらない

『論語』の名言には、実に人生の根本に触れた感心しきりの名句が多くあります。

「先生、立派な人物とはどのような人でしょうか」と弟子の司馬牛が問います。

孔子「憂《うれ》いも懼《おそ》れもない人だよ」

と答えます。

もっと高尚な気高いことを期待していた司馬牛は、意外そうに更にこう問います。

「それぐらいで立派な人物なんですか」

そこで孔子がこう答えます。

「内省不疚、夫何憂何懼」

自分の心の内をすみずみまで点検しても、少しのうしろめたいこと、疚《やま》しいことがないのに、何を心配し、何をおそれる必要があるのだい。

「不疚」、やましからざれば、ここにこそ立派な人物の所以《ゆえん》があるのでしょう。

疚しいことになってしまう危険性のある事からは、勇気をもって断固拒否、遠のくことです。

○勉強に近道なし

すでに何度も申し上げたように、若い時の私は、性格的に欠点の多い、才も無いのに才に溺《おぼ》れているような、実にイヤな人間でした。

それでも買い被《かぶ》られることも多く、様々なチャンスをいただきました。

三十代も後半の頃、ある有名な討論会に発言者の一人として参加しました。大きな会場の舞台に五名が並んで互いに討論をかわすのですが、私以外は皆六十近いベテランです。

私は全く太刀打ち出来ず、完敗のショックを味わいました。
四、五日経って、「これはしっかり受け止める必要があるぞ」と痛感し、最大の敗因は何かを考えてみました。
他の四人に比《くら》べて、私が最も劣るのは「緻密《ちみつ》さ」である。

例えば年月日、場所の住所、当事者の名前などを正確に挙げられないのです。

こんな事だけで発言の重みが失われ、説得力に欠けてくるのです。

その原因は私の「粗雑な暮らし振り」にあると思いました。

何事も直《す》ぐに近道をしてしまう。

自宅から駅まで行くだけでも駐車場や寺の墓場を突っ切ったりして、直にショート・カットしてしまう。

粗雑で荒っぽい暮らしの原因はこれだ。

これから直《なお》そうと思い、暮らしを点検しました。

これが「勉強に近道なし」という私の信条となりました。

古典を読み進むという、いわば砂を嚙《か》むような作業には最適で有り難い慣習になりました。

○他人《ひと》を思う心

「禍《わざわい》は敵を軽んずるより大なるはなし」

老子の言葉です。

人は独りでは生きられないものです。

いやむしろ、豊かな人生とは、多くの友に恵まれることから生じます。

何をするにも必要となるのが、良好な人間関係に尽きます。

こう考えてみると、人生の要点とは、「自分以外の人間を心底から大切に思うこと」になります。

それはまず、「自己をトコトン重視する」ことから始まります。

これを自らを重く見ること、つまり「自重《じちょう》」と言います。

自重とは、注意深い発言と行動です。

その為には、心を常に「一流人にする」こと。

つまり、一流の人間が持つ品位と謙虚さを忘れないことこそが、自分を尊重することなのです。

冒頭の老子の言葉は、以上のことを言っているのです。

○知ることとは何か

『論語』に「下問《かもん》を恥じず」という名言があります。

知らない事があれば、目下の人に教えを乞うことも恥じないで聞くべきだということです。

そのぐらいでなければ、人間の向上はないと言っています。

更に、人間の向上で最も重要なのは、実はこの言葉の前にある言葉なのです。

「敏にして学を好み」

まず、知らないことに気付くことが第一です。

これがまず問題です。

自分は何を知っていて何を知らないかが判然としないものです。

第二は、知らないことを見付けたら、「敏」、すばやいと読みます。

機敏に動いて学ぶこと。

知らないことをそのままにしておくなど、この世で最も「もったいない」こととして、すぐに学ぶ。例えば辞書を引く。

人に聞く。

その積み重ねが、「学ぶ」ということです。

そうやって暮らしていると、次の名言に至ります。

「下学《かがく》して上達す」

手近な物事を熱心に学び続けていると、道理を究《きわ》め、体得して、だんだん高遠な真理にまで到達すると言っています。

○偏りを嫌う

様々な東洋の古典を読んできましたが、ほとんどの書で指摘していることの一つに、「中庸の大切さ」というものがあります。

この世の特性には、どうやら偏りを嫌《きら》うということがあるようです。ひどく偏った考え方など持つと、全てが円滑に進まなくなる。反対者ばかりになる。

いつも討論ばかりをするはめになり、物事が一向に進展しないということになります。それに何といっても、本人に一番つらいことになります。

何しろ賛同者がいなくなり、肝胆相照《かんたんあいて》らす人物など得られないわけです。たまに同じ意見の持ち主が現れて、無二の親友が出来たなどと喜んでいると、突然仲《なか》違《たが》いということになります。

何故なら相手も相当な偏《かたよ》りのある人物だからです。これでは豊かな人生など遠い存在になります。

自分の中の偏りに気付き、正しましょう。

○自分の将来

私には、新入社員教育を担当して以来の生徒で、社長になった人が既に十数人います。社長は当然のこと一人ですから、多くの同僚の中から一人選抜された人間というわけです。

他の人と何が違ったのか。

こういう人に共通する資質が二つあります。

「努力家であること」です。

自分に対してはとても厳しく「克己」といっても良いでしょう。

決められたことは、何としてもやり遂げるという努力です。

したがってコンスタントに得点を取り続けているので、こういう人の昇進昇格には反対が出ません。

もう一つは、「運が強いこと」です。

自分を強運にするには、「徳」を磨く、つまり何事も、「自己の最善を他者に尽くしきること」を着実に実行し続けるしかありません。

つまり自分に対しても、他人に対しても、常に「真剣勝負」で、まごころを尽すことです。

これが自分の将来を決定づけるものです。

○人は劇的に変われる

ある会合で二十年ぶりに私の会社の元社員に再会しました。
彼はその会合の事務局をやっていました。
帰り路、彼の行きつけの居酒屋へ〝どうしても〟と誘われ、同道しました。
店に入るなり、先客のほぼ全員と親し気に挨拶をしているのです。
更に次から次へと差し入れが届くのです。
その人達と交わす彼の話の内容がまた吃驚《びっくり》なのです。
難病や借金地獄、こじれた人間関係に絶望的になっている時に、彼が助けた。
つまり彼に助けられたという人が実に多いのです。
「へェー」とただ驚くばかりです。
何故なら二十年前の彼は全く反対の人間だったからです。

ネクラで、利己的、いつも無愛想で不機嫌な顔、口を利いたら一生の損という人間でした。

それが原因で退社したぐらいの人間です。

何があってこうも変わったかは、とうとう聞かずじまいで別れました。

私にはその事よりも、人間というものは、その気になれば、どんな人間にもなれるんだという生きた証拠と出会えたこと。

その方がどれだけ驚きであったかしれません。

○自立の力を呼び戻す

私は中学一年生の時の大挫折以来、学校エリートの道は一切見ないで、ひたすら生活エリートの道を歩んできました。

もっとわかりやすく言えば、学歴で人生を確立することを止めたということです。

そして「手に職」を中心とした自分で稼いで生きていく生き方、つまり自立の道を、最初は懸命に模索し、高校からは自分で稼いで学校へ行き、自活の道を歩み始めました。

社会へ出て映画製作の現場へ入り、二十五歳、タイのバンコクで死の危険に遭遇して、重度の障害を負う身になりました。

この何とも絶望的な状況にも耐えられたのは、中学以来の自立自活の訓練でした。

三十歳で起業して二十年間何とか会社経営が続けられたのもそのお陰です。

五十歳での大転換、六十歳からの愉快な人生も、この自立自活の力があったからです。

いまこの力が、多くの日本人の中からひどく失われているように見えます。

実に危うい状態と言えます。

特にサラリーマンの人々は、要注意です。

常に「今日会社をクビになったら」ぐらい思って厳しく見詰め直し、自己の内なる自立自活の力を呼び戻して下さい。

○劣等感のちから

私はそもそも超未熟児で生まれましたから、スタートから絶対的な劣等感の持ち主でした。

身体は小さいし、体力は無いから、もうそこで躓《つまず》くことばかりです。

更に、だから忍耐力は極端にありませんから、辛抱することが出来ません。

ということは、学力がなかなか付いてきません。

身体能力もダメ。

頭の勝負もダメとなると、他に何も武器というものがありません。

つまり「劣等感のかたまり」として人生を始めたのです。

その象徴として私には幼年期笑顔がありませんでした。

いつも怒っているのです。

何もかも思い通りにいかないし、大人は誰もが私自身が痛感している力の無さのその欠点を突いてきますから、不愉快ばかりです。

どうしても独りの世界に閉じ籠《こ》もることになります。

誰にも会いたくないから不登校になります。

願う事といえば変化です。

現状が全て劇的に変化することばかりをいつもいつも願って、それを頼りに生きているのです。

「変化を願う心」

何とその後の私の人生を支えた根本の精神こそこの心なのです。

「企業変革指導」が仕事になり、「人生変革指導」が仕事になったのです。

何かを変える、変えたい、変わる仕方については生まれた時からやっていることなのです。

○生き甲斐

生き甲斐が見いだせないという人がいます。

私の体験をお話ししましょう。

生き甲斐というと何かをやり遂げたり、達成したりすることだと思い、いきなりそれを求めようとします。

それは無理というものです。

高い目標ほど達成感は大きいものですが、直ぐに結果は出ません。

そこで生き甲斐を得るコツは、低い目標から始めて小さな達成感を数多く体験することです。

私の場合でいえば、まず直すべき自分の欠点を思い付くだけ紙に書き出しました。

五十や六十は軽く挙がりました。

その中から一ヵ月ぐらいかければ克服出来るものを選び始めます。

正すことが出来たら書いた課題に線を引いて消していきます。

一年もかければ、いくつかの課題に線が引かれ小さい達成感を多く体験出来ます。

すると、狙うべき次の課題を的確に選べるようになるのです。

こうして自分の欠点を克服していくとやがて達成することに対する心構えや技術を得られるようになり、どこが正念場で、それをどうすれば乗り越えられるのかなどが、よくわかってきます。

と同時に少々は人間も出来てきますから、満足感も味わうことになり、だんだん生き甲斐を感じるようになります。

人生の要点

○「いま・ここ・自分で」しか生きられない

かれこれ四十五年の間、東洋思想と付き合ってきました。そこで何を最も重視すべきかと問われたら、迷うことなく頭に浮かぶ事があります。

それは、「覚悟」ということです。

人生はこれに尽きる。これが決まっていなければ、何をやってもうまくいきません。

では「覚悟」とは何か。

字の通り、これこそが「悟りを覚《おぼ》えること」なのです。

凄いことです。

ですからそう簡単にはいかない、と言われています。

私はそう思いません。

ほんとうに全身を投げ打っても得たいと思ったら、そう難しいことではありません。

そのコツは何でしょう。

それは一つしかありません。

「いま・ここ・自分で」生きることです。

人間に絶対出来ないことがあります。

それは「明日とあそこ」を摑《つか》むことです。

明日も人間が生きられる時間は、いましかありません。だから明日になれば、それはいまになります。

あそこも人間が生きられる空間はここしかありませんから、あそこへ行けば、そこはここになるのです。

更に自分が摑むしかないのです。代役はきかないのです。

どこまで行っても人間が摑めるのは「いま・ここ・自分」しかないのです。

だから明日になったらやりますとか、こうなったら心を入れ替えるとかいうことは大嘘で、いま・ここでやらないと、それはいつまでもやらないということになります。

そうです。だから「いま・ここ・自分で」やるしかないと思い切ることこそが覚悟を決めることなんです。

誰にも長年の懸案があるはずです。

さあ、いま・ここ・自分で始めましょう！

○時には〝いなす〟〝かわす〟が必要

「四書五経」は何を説いているのかといえば、人生の要点を示しているのです。それは一見たくさんあるように見えますし、現に多くの事を語っています。何しろ四十五万文字もあるのですから。

しかし何とかそこを無理して一言にしてくれ、と言われたら私は「自己の確立」を説いていると言いましょう。

では自己の確立とは何かといえば「逃げない自分をつくる」と言えます。

嫌なことよ来るな、とか、困ったことよ来るな、などと思って、どうにかそうしたことが来ないでくれと、神仏に祈念するようでは大した人生は来ないぞと言っているのです。

反対に「いつでも来い、それしきに敗《ま》ける己ではない！」と正面から受けて立つことこそが、自己の確立であり、そうしてはじめて「愉快な人生」がやって来るのです。

何故なら、「いつでも来い！」と覚悟を決めた瞬間から、それは嫌なこと、困ったことではなくなるからです。

「逃げないで正面から受けて立つ」、これほどの人生の要点は無いのです。

しかしこの話には次があるのです。

世の中には、取るに足りないが、しつこく迫って言るいわれなき誹謗《ひぼう》中傷とか、どう考えても身に覚えのない批難などが押し寄せて言る時があります。

こういう時はどうしたら良いのか。

答えは、「いなす、かわす」ことです。

老荘思想で言うと「相手の力を殺《そ》ぐ」です。

相手から言えば「期待外れ」つまり「てんで相手にならない」

あるいは「のれんに腕押し、ぬかに釘」にしてしまう。

では「いなす、かわす」の要点は何か。

出来るだけ相手を引き寄せることです。

身体に触れる直前で身体を半身に開くことを「いなす、かわす」と言うのです。

だからそうした点からも、まず逃げない自分をつくることが大切なのです。

○出入りの法則

この世には幾つかの法則、定則というものが流れています。

私も長く生きている方に入ってきましたからよくわかります。

その中で最近の日本人が忘れているとても大切な法則があるのです。

それがこの「出入《でい》りの法則」です。

この世では、出してはじめて入るべきものが入ってくるという法則が働いています。

何を出すのか。

例えば労力や知恵です。それらをどれだけ出したかによって入ってくる分量が決まってくるのです。

最近巷間に流布《るふ》している「先義後利」もこの事を言っているのです。

しかし、実は最も重要なことは次のことなのです。

出すべきを出さないで入ってきたらどうするのか。

例えば、宝くじに当たるとか親の遺産が入ってくるとか。

とても怖いことです。

この世の法則に逆らうわけですから、何かで帳尻を合わせられてしまう。つまり、自分の願いと違うものを出すはめになってしまうということです。宝くじだけでも怖いと思っていたところ、政府は、祖父母の遺産を孫に教育費として出せと言っています。何を血迷ったのかと言うべきです。

親が出すべきものを出して入ってきた収入から、子どもの教育費を出す。もしそれが不可能なら、奨学金などの制度を活用する。それも駄目なら、私のように高校生ぐらいから働き出す。その教育効果といったら計り知れないものがありました。

それで親も健全な家庭が営めるのです。折角一生懸命に働いている時に、ある日期待もしていなかった大金が入ってきたらどうなるのか。

何かが狂ってしまうと思います。

「出入りの法則」を忘れないで下さい。

○「否定語は使わない」

若い頃の私の何とも至らぬ人間ぶりについては、もう大分話をしてきましたが、今回もう一つ。

忘れもしない三十代最後の年、つまり三十九歳の時の話です。イメージ・プランという会社を始めて九年目、悪戦苦闘の真っ只中、何しろ全てがうまくいかないのです。

経営とは、外に商品を売りに行く、つまりビジネスを行うこと。そして、マネジメント、社内の社員を組織化し、人数の総和以上の業績を挙げること、の二つですが、両方とも実にうまくいかない。

苦節十年と言うが、その日がまもなく近づいて来るというのに、何一つ前へ進まない。重い自転車のペダルを懸命に踏み続けていたが、もう何ともならない。もう一歩も前へ進めないという状態です。

社員にこの状態を話しても誰も理解出来ないだろう。家族に話してもかえって余計な心配をかけるだけだとして、結局一人で考え込むしかない。

とことん追いつめられて、ふと入った喫茶店でじっと考えてみました。

考えてみると、やはり原因は私自身にありそうなのです。

では私の何が悪いのか。

順風満帆《じゅんぷうまんぱん》の知人の経営者と自分を丁寧に比べてみると、まず何といっても私に大きな欠点があることに気付いたのです。

「暗い」

何が暗いのかといえば、心です。

心の暗さはどこからくるのか。

自分の可能性、つまり会社の可能性について、心底から信じていないのです。

ですから、いつも消極的な心が、積極的な計画を否定してしまう。

だからどうしても否定語が多くなるのです。

「それは良い案だが、難しいだろう」

「うまく進めばいいが、そうはいかないだろう」

「今日も何か問題が発生しそうだ」

こんな調子では、当然何をやってもうまくいくはずはないと、つくづく思いました。


何から改めるか。

「否定語を使わない」

これを徹底しようと心に決めました。

そのうちふと気が付いてみると、自分の発言が変わっているのに驚きました。

「それは良い案だ。絶対出来る」

「絶対うまく進めよう」

「今日は何か良い事が起こりそうだ」

こうして心の中から否定語「NOT」を追い出してみると、実に明るい明日が開けてくるのです。

「病は気から。愉快は気から」

○「人間の弱点克服」

儒家の思想から老荘思想、仏教から禅などをひたすら渉猟《しょうりょう》してくると、それらが説いている人生の要点は、そう多くない。せいぜい十数点に尽きるものです。

その中に「人間の弱点の克服」ということがあります。

俗に言う怠惰で放縦、強欲で傲慢を克服することから始めますが、中でも厄介な人間の弱点があります。

「嫉妬《しっと》と自己憐憫《れんびん》」

同僚の抜てき昇進、後輩の高評価など、快く思わない人も多いでしょう。ねたみそねみ、嫉妬です。

これが何故いけないかといえば、昇進や高評価など自体を否定してしまうからです。ですから自分にはなかなか得られないことになってしまうのです。恐ろしいことです。したがって、どう対処したら良いのでしょう。

「お目出とう!! よかった、よかった!!」など肯定語を本人に対して強めに言うことです。言っているうちに、愉快になってきます。

この嫉妬の反対が「自己憐憫」です。

自分をあわれむ感情です。

自分が如何《いか》に可哀想か、大変な毎日か、気の毒な状態かを思うことで、自分を慰めているのです。

これが何故いけないかといえば、そうした困難な状況自体に酔ってしまって、つまりそれ等が来ることが快感になっていくことです。

ですからどうしても、困難状況を呼んでしまうことになります。

また安易に慰めてくれる他人の言葉も要注意です。

「大変だったね」「可哀想だったね」などと言われるとホロリとなってしまうものです。

これもまた快感となって、また言ってもらおうと困難な状況を待つようになるものです。

ではどうしたら良いか。

「いや、このくらいの事では敗けませんよ。そう大したことではありませんでした。存外簡単にやれましたよ」など肯定語を多発することです。

○人生は「心」の反映

結局私の人生は、主として多くの経営者の人生に深く関《かか》わり、歴史上の偉人達人の人生に学び、東洋思想を学ぶことによりその基本をなす「人生の基軸」を掘り起こしてきたわけです。

いわば「人生の在り方」を探求する人生であったのです。

そうして四十年以上たずさわってきたその結論はといえば、次の一言に尽きます。

「人生とは心の反映なり」

何と不思議なことに、大方の人々の人生はその人の心によって決められているのです。

例えば、ずる賢く手練手管に長《た》けた人の人生はそうした人生になり、広がりに欠けた滋味《じみ》に乏しい人生になります。

気弱で消極的な心の人の人生は、どうしても控えめで決定的満足に欠ける人生になり、不平不満の人は不平不満の人生になり、感謝ばかりの人は感謝することの多い人生となります。

したがって結論は、愉快な人生、より良い人生を得たいと思ったら心の底からそのようなことの得られやすい「積極的で克己で努力を基とする明朗快活で健全な心」を築《きず》くことです。

○イチバン大切なものは皆見えない

神は見えるか、真理は見えるか、など考えてみると、その最大の要点に「見えないこと」があると思うのです。

何故なら、もし見えたらどうか。

見えたらそれまで。

つまり見える内容だけで終わってしまうのです。

見えないことに価値があるのです。

と考えていくと、見えないものほど大切なものとも言えます。

身近なところで言えば、「まごころ」とか「心から」などは、それ自体は見えません。

しかしだからこそ大切なものともいえ、更にだから「感じ取る」しかないのです。感じ取るというういわば相手に委《ゆだ》ねるコミュニケーションは、だからこそわかりやすく表現する。

つまり明確に、少し強めに表現する必要があります。

アクションを強めにするというよりも、「強く思う」ということが大切です。

したがって、「まごころからのサービス」などは、常に強く強く思って表現する必要があるのです。

これこそこれからとても大切なことです。

○他人と争わない

『老子』はしきりと「不争（争わない）」がとても大切だと言っています。

若い時は全く理解できませんでした。

仕事とは争うこと、人生とは争うこと、と考えてきました。

私は千グラムに不足して生まれてきました。

そんな身でしたから何しろ争うことしかありません。

そうやって争い続けて四十数年、五十歳にならんとする時、他人と争ってお互いに傷付き、ひどく不愉快になることがありました。

結局勝っても何も良いことは無い。

争うことは無益だ。

では何故「争う」ということがこの世にあるのか。

やっとわかったんです。

「そうか。争う相手は自分なんだ」

欠点だらけの自分。その自分の欠点と争うんだ。

別の言い方をすれば「他人と争っている暇《ひま》がない」

その日からこの多大な自分の欠点と一つ一つ争って、勝って克服していくことが人生のテーマになりました。

更にその勝利が確認出来た時だけ乾杯をする。

つまり酒を飲むことにしました。

いつもウーロン茶。早くビールが飲みたい。

この勢《いきお》いもあって駆逐《くちく》するべき欠点の一覧表は、どんどん消されていきました。

老子はやはり凄い‼

○自立と自律

人生の要点を挙げろと言われれば、私は「自立」と答えます。

少しでも他人に依存していては「愉快な人生」は得られません。

やはり何よりも、しっかりとした実力の持ち主、つまり何処に出ても自力のみでやり遂げられる力を保有しなければ、望むような状況は得られません。

その為には何が必要なのでしょう。

私は「克己」と答えています。

すぐに怠《なま》けようとする自分。

我《わ》が儘《まま》になる自分。

少し良くなると謙虚さを失う自分。

こうした自分に、如何に克《か》つかこそが、人生の要点です。

『論語』の説く人生論の七十にして、というところに何と書いてあるか。

「心の欲するところにしたがえども、矩《のり》を踰《こ》えず」と言っています。

孔子も、七十ぐらいになったら心の欲する通りにやりなさいと言っています。

しかし大切なのは「矩を踰えず」です。
警察のご厄介になったり、傍迷惑《はためいわく》になったらイカン！

○誰の為の人生か

結局人生とは何か。
何の為にあるのでしょうか。
七十年生きた私のいまの答えは次の通りです。
「生きるを楽しむため」
苦しいこと。
嫌なこと。
厄介なこと。
その合間に楽しいこと。
嬉しいこと。
悲しいこと。
恐ろしいことなどあります。

六十歳を過ぎてだんだんと良い味わいの方が多くなっていますが、しかし心を痛めることや心を労することも、あります。

よくよく考えると、死んでしまったらきっと、そういう感情はなくなるでしょうから、いまのうち、生きているうちに、人間の感じる様々な感情を楽しんでおこうと思うようになりました。

一番もったいないのは、折角そうした感情が来てくれたのに「避ける、逃げる、人のせいにする」ことです。

どんなことでも、「生きている証拠」、せいぜい味わって、後の思い出話の材料にしていこうではありませんか。

○不争謙下《ふそうけんか》ということ

老子の名言に次の言葉があります。

「善く士たる者は武《たけだけ》しからず」（配天第六十八章）

いかにも強そうに、いかにも手強《てごわ》そうに見せるのは愚の骨頂だし、真の強者ではないというのです。

続けて次のように言います。
「善く戦う者は怒らず。善く戦いに勝つ者は争わず」
沈着冷静を保てた方が勝つ。
力が抜けている方が勝つというのです。
更に戦いに勝つ者は、そもそも争わない。
「戦いに勝つ」とは、対立関係にあるが常に優勢ということです。
そして重要なのは「勝つのは争いによってではない」と言っているのです。
もっと言えば、「不争」、争わないのです。
「暖簾《のれん》に腕押し、糠《ぬか》に釘《くぎ》」です。
何の反応もないのです。
てんで相手にならない。
まるきり争う相手ではないというポジションを構築し、そしてそれを維持し続ける。
しかし総体的には、世間の評判などでは、常に勝っていることが重要です。
以上は国と国の関係でも会社でも、社内でも同じことです。

○私の念願

「私に接している人が不幸になる。こんなことは許せない」という思いが年々強まってきます。

どうすれば、そういう残念なことにならないかを、いつも考えています。

今の結論は、「何度も何度も人生の要点を言い続けるしかない」です。

二十五歳であの世に行き、死を体験して以来、いつも考えてきたのが「生死の意味」です。

つまり生と死の間にあるのが人生なのです。

どうすれば「愉快な人生」をつかめるのか。

東洋思想の万巻の書は、その解答の山でありました。

金言、至言、箴言《しんげん》の山です。

卓見、達識の宝庫なのです。

しかし私の長年の経験からすると、実は「人生の要点」はこの中にはないのです。

何故か。

いくらこれだけの書物があっても「読まない」、読んだ人の忠告を「聞かない」、人生の成功者の説くところを「行わない」。

これでは如何《いかん》ともしがたいのです。

したがって人生の要点は、「すぐ読む」「心で聞く」「すぐ行う」ことなのです。

○欠点が自分をつくる

私の若い時などは、もうお話にならないような欠点だらけの人間でした。

いま思い返しても、そう思います。

しかし有り難いことに、欠点だらけでは何をやってもうまくいきません。

だから、いつもうまくいかない原因を考えている毎日です。

最初は全てを他責にしていました。

大分経ってから、それこそが大欠点であることにやっと気付きました。

その日から全てを自責にして、自分の何がいけないのか問いつめました。

でもなかなか良くなりません。

よくよく考えると、ダメな自分に敗けているのです。

欠点がわかっても是正する努力が続かないのです。

そこで取り組んだのが「克己」、自分に勝つことです。

安易でラクな方へ、怠惰で安逸な方へ直に行ってしまうのです。

意を決して「いや、そうしないよ」と言って厳しい方へ一歩踏み出し、もう一仕事を強いるのです。

すると不思議なことに、厳しく難しい方がそれをやり終えた時の気分は格段に良いのです。

更に、するとやっている最中も楽しくなってくるではありませんか。

この二つ、「自責と克己」が愉快な人生の源泉です。

○毎日の暮らし

人生というものは、いままでは全てが順調に進み、したがってこのままいけば将来もうまくいくと思って暮らしていると、ある日何かの問題が起こる。

それをきっかけのようにして、全てがうまくいかなくなり、したがって将来の不安も増すばかり。

やがて自分にも自信が持てなくなり、勢いも迫力も失い、弱々しい人間に一変してしまう。

人生というものはこういうものです。

ですから何よりもいつも思っていなければならないのは、「過ぎたるは及ばざるが如し」

やり過ぎはやり足りないと同様によくない。

ほどほどが重要なのです。

いまの自分に感謝する。

何故か。

「生きているだけで百点」なのです。

その上少々でも思い通りに仕事が進めば言うことなし。

その時こそ会社の同僚や上司に感謝、家族や父母に感謝、この世に感謝する。

それを力にして、「一日一善」を心がける。

何でも良い。

家の前や会社の前の通りの清掃、トイレの清掃、困っている人の手助け、その上もし空いた時間があれば、勉強して実力アップを心がける。

このように暮らしていくのが良い人生なのです。

○良い社会

人生も終盤に差し掛かってくるとつくづく深刻に感じることがあります。

「社会の良し悪しは、その社会をつくっているメンバーの心の良し悪しで決まる」ということを痛感するのです。

法律や制度の問題ではありません。

その法律や制度も、どのような心の持ち主がつくったかによります。

更に法律や制度でカバー出来ない部分の方が大きいのです。

社会を一つの大きな池に例えれば、池に浮かんで点在するいくつかの小さな島が法律や制度です。

それ以外は全て水であり、これこそがメンバーの心なのです。

水が清ければ風景は一段と美しくなるでしょう。

しかし水が濁って悪臭を放っていれば見られたものではない。

つまり住みづらく暮らし難い場所になってしまいます。

したがって法律や規則、罰則、制度や方針をいくら増強しても何の役にも立ちません。
何しろ行うべきは、メンバーの心を少しでも清く美しくすることです。
先の大戦は敗戦国家を生んだばかりか、「心の敗戦」をも生んでしまいました。
一刻も早く「人間性、社会性、人間の道」という心を取り戻すべきです。
理屈はもう結構。
理屈抜きに「仁と義、徳、孝弟」が立派に生きている心を育て、取り戻すことです。
それ以外により良い社会をつくる方法はありません。

天とともに生きる

○市中の山居

うまく生きる。

これこそ、いまじっくり考えてみるべき課題のように思います。

一度死の世界へ行った私としては、一人でも多くの人に、「生きていることの素晴らしさ」を忘れないでもらいたい。

その末、「愉快な人生」を生きてもらいたい。

これこそが、いまの私の何よりの願いであり、テーマなのです。

その為には、「不愉快に敗けない自分をつくる」しかありません。

嫌な事、困った事、来ないでくれ、と願うのではなく、どんどん来い‼　そんな事に敗ける自分ではない‼　と胆《はら》を決めて生きてくれ、といっているのです。

そう力強く、いわば強気で生きていくのですが、その為にも時には力を抜いてホッとすることが大切です。

茶の湯の方では、そういう「心の平安、やすらぎの一時」を「市中の山居《さんきょ》」といってとても大切にしています。

喧噪《けんそう》の巷《ちまた》にいるからこそ、その中で得る静寂には、万金の値があるのです。

どういう方法でも良いのです。

屋上に出て、一時広びろとした大空を眺めるのもよし。

近くの公園の緑を眺めるのもよし。

昔行った山の風景を思い出すのもよし。

悩み苦しんでいるその最中に、ふっと山奥の庵にいて、周囲の自然と一体化する心持ちを取り戻してほしいのです。

すると必ず良い変化が得られるものです。

是非実行して下さい。

慣れれば慣れるほど、こうした心持ちを得ることがうまくなっていきます。

○「天に代わって」

われわれ人間が、究極的に承知すべきは何か。

それは、「天に代わって生まれてきた」ということだと私は思っています。

私のように既に四十数年、古典を読み講義することを職としている者は、だんだん古典の言わんとするところは、究極何なのか、の一点に絞られてくるものです。

古典は、そう数多くのことは言っていません。

この「天に代わって」というのもその一つです。

天には明らかに意思があります。

これを「天意」と言います。

その意思は、「何とか幸せになってくれ。平和で安泰な社会が続いてくれ」というものだと、考えざるを得ません。

しかし天には、姿もなければ、声を出すことも出来ない。

それではどうするか。

自分に代わって姿と声を持つ者を次々とこの世に送りこむしかない。

として生まれ出たのが「人間」であるとします。

したがって人間は、天に代わって、天の意思、つまり「平和で安泰な社会と幸せな人生」を実現させるために生まれてきたのだとします。

これが「天命」、究極の人間の仕事であり、責任なのです。

他の生きとし生けるもの、他の動物、植物、鉱物に対する責任です。

それが人間というものなのです。この事は決して忘れてはならないものなのです。

○「三つの天命」

どうやら人間には、三つの天命があるように思います。

まず第一の天命。

天に代わって生まれてきたという天命です。

天は「一人一人の人間が、愉快な人生を送ること。その為の平和で健全な社会をつくること」を何よりも望んでいます。

しかし天は、姿も現せないし、発言することも出来ない。

そこで自分の代わりに人間を誕生させて、この願いを実現させようとしているのです。

人間がこの天命に気付かず、好き勝手にやっていると、天災でもって気付かせようとします。

第二の天命。

「親には孝行、兄姉には弟」を行うこと。

弟とは、兄姉を敬い、重く思うことです。

これを生まれてから独立して親元を離れるまでやっていると、自然とその心が身に付きます。

すると社会に出てから、親の代わりが職場では社長になり、兄姉の代わりが上司先輩社員となり、既に長年やって身に付いた「孝行と弟」が活きてきます。

第三の天命。

「立派な人間になる」ことです。

何といっても愉快な人生は、立派な人間になって他人から尊敬され信頼されてこそのものです。

反対に他人から軽視され注意されるようでは不愉快になります。

以上三つの天命を知ること、これが「五十にして天命を知る」（『論語』）ことなのです。

○敬天愛人

西郷南洲の思想を一言にして表しています。

出典は中村正直《まさなお》（敬宇）のスマイルズの『自助論』の翻訳『西国立志編』と言われています。

しかし私はむしろ中江藤樹《とうじゅ》の「孝徳」の解釈の方がこの主旨を色濃く意味づけている

と思います。

「天は人間に対し余り有るほどの恩恵（愛）を与えている。それに対して人間は天を敬《うやま》うことによって調和が保たれてくる。

これをこの世の関係でいえば、親は愛を子に与え、子は親を敬う。学校の先生は教え子に愛を与え、教え子は師を敬う。上司は部下に愛を与え、部下は上司を敬う」

これが中江藤樹の説くところです。

つまり「愛と敬＝孝」という図式がこの世の道理だと言っているのです。

では何故親に孝行をしなくてはいけないのか。

「子生まれて三年、然る後に父母の懐《ふところ》を免《まぬか》る」

論語の名言です。

子どもは三年もの長い間親が一刻の休みもなく守り続けてくれるから生命《いのち》が保たれていくのです。

親とは、「生命《いのち》の恩人」なのです。

○大晦とは何か

晦《みそか》とは何か。

本義は月の末日を言います。

「くらい」とも読みます。

その訳は、月の満ち欠けの欠けている状態を言い、夜がくらいという意味です。

ところが江戸の人々はこのくらいを「ものの知識があるかないか」と読みました。晦《くら》いとは、一ヵ月暮らしてみて月末に自分の能力の棚卸しをして、「何にくらかったか」を出して、次の月に勉強して「明るくなる」ことを常としたのです。

この集大成が大晦《おおみそか》です。

十二月三十一日除夜の鐘を聞きながら、一年を振り返り、今年くらかった事を書き出してみる。

全て書き出し、そうだこれが新年の目標だと思った頃、東の空が明けてきて「明けましておめでとうございます」となるのです。

○絶対的生命の危機で得たもの

年を取るほど、何故か不思議と鮮明になるのが、二十五歳の時の生命の危機、絶望のさなかで感じた思いです。

結論から言いましょう。

最も感じたのは「天の光」ということです。

絶体絶命、その時に静寂の闇の中で、一筋の光が常に見えていました。

その光は、時には語りかけるように私の身を照らし、時には励ますように温かく、時には叱るに鋭く、差し続けていました。

妙に明確に、その光の正体が何であるのか、私は知っていました。

私の生命です。

別の観点から言えば、天と私をつないでいる光と言っても良い。

それを思うと、「やっぱり人間は光を求めて生きているんだ」と思います。

だから行く先に光を求める限り、光は絶えることなく差し続けている。

「だから絶望は乗り切らねばならないし、乗り切れるのだ」

とつくづく思うのです。

○母なる大地

儒家の思想では、人間は大地から身体を受け、天空から精神を受けると説いています。

ということは、健全に生きようと思ったら、大地に根を張って生きることが大切なのです。

大地に根を張るとはどういうことか。

まず常に大地から気を吸っていること。

つまり呼吸は踵《かかと》でする。

意識して一日出来るだけの時間これを続けると、不思議にも心がひどく落ち着いてきます。

これが習慣になると慌《あわ》てることがあっても、すぐに落ち着きを取り戻せるようになります。

次に一歩一歩しっかり踏みしめて歩くようにすること。

「地道」ということが身体的に理解されるので、ムリ、ムダ、ムラ、ムチャがなくなります。

すると自然に心の中も地道になり、見栄《みえ》や外聞、見てくれなどの外面志向が逆転し、「地に着いた人生」を希求するようになります。

私達は何しろ大地の上に住んでいるのです。

これを忘れないことです。

○父なる天空

前項の続きです。

大地と人間の関係に続いて、天空と人間の関係についてです。

天空からは精神を受けるとされています。

つまり私達の心と空はつながっているのです。

私は未熟児で生まれたので、体力が無く、だから忍耐力もなく、幼年期は、何事も長く続けられませんでした。したがって何事も中途半端、やり切るということがありません。

それがとても不満で、いつも怒っていました。

その怒りを静《しず》めてくれたのが空です。

だからいつも空を眺めていました。

中学生の時に味わった人生の挫折、絶望を何とか乗り切れたのも空を眺めて、空から勇気をもらったからです。

二十五歳の瀕死《ひんし》の重傷の時も空から希望と意欲をもらい、その後の会社経営の苦労の時も、いつも空を眺めては気分転換をし、やる気をもらいました。

私一人だってこんなに空には助けられているのですから、空は凄い。

空の力は偉大だと思います。

それも私達の心と空がつながっているからなのです。

こうして改めて考えると、勇気をくれる天空と地道をくれる大地に恵まれているのですから、あとは感謝しかありません。

○感性の時代

良い商品や良いサービスは、「如何にも気が利《き》いている」とつくづく顧客が感心するものです。

「痒《かゆ》い所に手が届く」というものです。

こういう優れたものは、何から生まれるのか。

答えははっきりしています。

「感性です」

鋭敏な感覚によって呼び起こされるものです。

ということは感覚を磨かなければなりません。

ではどうするか。

芭蕉は次のように言っています。

「四季を友とすることだ」

折角新緑の若葉が芽ぶき、黄緑色のやわい葉っぱが輝いているのに、あるいは、折角夕焼け空が美しい光景をつくっているのに、それに気が付かない。

これでは感性の時代には生きていけません。

心をゆったり大きく持って、是非四季の変化に感動しながら暮らして下さい。

○宇宙の力を応用する

われわれの住むこの天地の間《あいだ》には、「宇宙の力」という凄いものが存在しています。

人力をはるかに超えた、金銭では得られない、何事も可能にするほどの力といえます。

この力を全くムダにし、一文の価値もないものにしているのが、「自分勝手な思惑」です。

「力ずく、腕ずく、強引、権力で、暴力で」

こうした自分の保有する力のみで事を決しようとすることで、この「宇宙の力」は全く効き目を失ってしまうのです。

ではどうすれば良いのか。

「宇宙の力」の最も身近なものは何か。

説得し口説こうとする相手と自分の間に流れている信頼という力です。

相手を尊重し、その意見を傾聴し、その望むところの本質を理解する。

これこそ最も初歩的な「宇宙の力の応用」なのです。

○自分の力のみと思うな

何事も、自分が作っている、自分が生み出した、自分が育てたなどと思ったら、それは傲慢《ごうまん》というものだ。

実はあなたがやっている事の半分は、宇宙の力が助けてくれているのだ。

空地の雑草を見れば、その凄さがわかる。

夏にでもなると手に負えないぐらいに生《お》い茂ってしまう。

誰かが栄養をやっているんだろうか。

これ全て宇宙の力の為《な》せる業《わざ》なのだ。

猛烈なエネルギーが、絶えずこの地上に降り注《そそ》いでいる。

この力が草木を育て、赤子を育て、更に治癒《ちゆ》力となって病気を治《なお》し、創作力となって仕事の完成度を向上させているのだ。

この宇宙の力を道《タオ》という。

しかし道は見えない。

だから誰も気が付かない。

もうそろそろ、道の助けに気付いて、道に大いなる感謝の気持ちを捧げてはどうだろう。

道はきっと応じてくれるよ。

○何を大切に生きるか

外聞や見栄、みてくれ、外の目ばかりを気にして生きるのは、もうそろそろやめよう。

何故なら、人の目ばかりを気にして生きていたら、美しいもの、楽しいことを見逃すばかりだ。

毎日通う駅までの道、今日の朝日に照らされた風景は驚くほど美しかった。

季節の花が、ある日蕾《つぼみ》が現れて、毎日どんどん大きくなり、やがて美しい花となって私を見ている。

花との対話も楽しみの一つだ。

もっと自分を大切に、自分の心を楽しませて生きるんだ。

人の目など気にすることはない。

○世の波に同調させて生きる

駅で階段を下りたら、そこへすっと電車が入ってきて乗り込むと、「ヤー久し振り」と会いたいものと思っていた友がいるではないか。

話がトントン拍子に進んで自社商品を買ってくれることになり、礼を言って電車を降りると、そこがエスカレーターの入り口で、上った先の改札を出ると、タクシーが待っている。

こういうのは、いまのあなたが世の波に同調していることを表しています。

何をやってもうまくいくでしょう。

とても大切なことです。

是非同調させて生きることを心がけて下さい。

○ものは思いよう

俳聖芭蕉《ばしょう》は、俗に言われる芭蕉庵に移り住んでから開花しました。

三十七歳の暮れのことです。

芭蕉は五十一歳で亡くなりますから、既に晩年です。

それまでやっていた水道工事の店も捨て、つまり財産も捨て、家族も捨て、浮き世のしがらみを全て捨て、身一つで、荒涼たる埋め立て地にポツンと立つ小屋に移り住んだのです。

そしてやがて旅に出ます。

「旅を栖《すみか》とす」です。

その瞬間、何と芭蕉にとっての家、住居はこの大宇宙となったのです。

大宇宙が財産になったのです。

ですから、その宇宙の中に住む人々は、全て家族となり、いきなり大家族になり、何処へ行っても家族がいるようになったのです。

このバクハツした境遇を楽しんで暮らしたのが芭蕉の晩年なのです。

家が小さい。

財産がない。

家族がいないとぼやく前に、この芭蕉の生き方に少々学んだらどうでしょう。

○天に任せる

人間関係の最悪は、怨《うら》みを持たれることです。
怨みの原因は、諸々あるでしょうが、追究していくと一つになります。
「過ぎる」です。
言い過ぎた。
取り過ぎた。
厳し過ぎた。
怒り過ぎた。
頼り過ぎた。
やり過ぎた、など、過ぎた結果が多いのです。
ではどうしたら良いのか。
いつも思っているべきものがあります。
それは「天」です。
自分は何事も天と一緒にやっているんだと思い、「後は天に任《まか》せよう」と思って、少々早めに切り上げることです。

後はよくよく天に頼むことです。

都合の良い時ばかり天に頼んでもダメです。

常日頃から、天と親しくなることです。

今日から一日十分、天との対話を始めてみたらどうでしょう。

○真の世直し運動

儒家の思想の説くところは多くありますが、私が共鳴共感することに「天命論」があります。

天はこの地上を健全な社会にし、人々の人生を愉快な人生にしようと念願しているが、自分には姿も無く声も無い。

どうするか。

そこで天に代《か》わって生まれたのが人間だというものです。

つまり人間とは、そもそも「健全な社会と愉快な人生」を生み出す為に生まれてきたものだということです。

ところがどうでしょう。

他人と競い、争い、陥《おとしい》れ、奪い、混乱した社会と不幸な人生を生み出しているのです。

天は天命を果たし続ける人には、大いに応援し支援する。

俗に言う「天の助け」があるのです。

こういう人が多くなることこそが「世直し」です。

平和運動とか戦争反対運動とか特別のことをする必要は全くありません。

自分の周囲五十メートル以内を健全にし、その内にいる人の人生を愉快にすることを実行していけばいいのです。

するとあなたの職場が、会社が、家庭が、地域が、天命にかなった「天の国」になるのです。

働くということ

○易しいことが出来ないと難しいことが出来ない

「野球で最も大切な事と言えば、それは何ですか」

昔巨人軍監督を務められた川上哲治氏に私が伺った質問です。

川上氏は簡単明瞭に答えられました。

「捕る、投げる、打つ、です」

もっと高度な話を期待していた私が呆然としていると、川上氏は続けて以下のような話をされました。

巨人軍に入ってくるほどの選手でも、この三拍子が揃っている選手は珍しい。一つはちゃんとしていないものがあるものだ、と。

そのままにしていると結局は選手寿命を短くしてしまうことになる。だから二軍に行って基本をトコトン習得させるのだ、ということでした。

これ以降私は、仕事人の基本は何かと常に問い、これをしっかり身に付けることを誰しもに申し上げています。

この、「見る、聞く、話す、書く、そして考える」

という仕事人の基本が出来ている人は案外少ないものです。

「聡明」とは、しっかり聞く、しっかり見ることです。

それだけで「聡明な人」になれるのです。

しっかり聞くとは「常に一字一句を聞き洩らさない」ように、人と対すること。

するとやがて「地獄耳」の持ち主になります。

しっかり見るとは「見逃さない」よう細部まで見ること。

穴のあくほど見詰めることです。

するとやがて「目明《めあ》かし」「目利《めき》き」になります。

この基本をしっかり身に付け、選手寿命を長くして下さい。

○断る時ほど誠心誠意丁寧に

私の三十代は、何を売りにいっても、断《ことわ》られる毎日でした。

こう断られ続けると、いやになるのを通り越して他のことを考えるようになります。

つまり断るという行為を通して、相手の人の人間性とか人間としての器量の大きさを見るようになります。

これはその後大分経って、今度は断る方にまわってから、どれ程役に立ったかしれません。

まず全く話にもならないのが、「けんもほろろ」、取りつく島がないというケース。これはその人の品性人格を疑います。二度と付き合いたく無いと思いました。

次にとてもいろいろ要求し、急がせてやらせておいて、結局は当然のように断るケース。何しろ腹が立ちます。その人の人間性や力量を疑うことになります。

次にかなり色好い返事をしておきながら、突然平謝りに謝って断るケース。一見良いようですが、何かバカバカしく思えてくるわけです。何がって、自分がやってることがです。したがって、断られることよりも余程ダメージが重い結果になってしまいます。かといってこちらが怒るわけにもいかず、怒りをどこにぶつければよいのかも判然とせず、とても困るばかりで終わるのです。相手の仕事に対する信念を疑うばかりです。

次に何故断るのかについて、懇切丁寧に理由を述べ、とてもこちらの事を思ってくれて、励ましてくれるケース。こういう人は尊敬します。度々伺うことになった人です。結局その人の人格を問うことになります。

引き受ける。購入する。採用する。このような時はひどく簡単です。しかし断る時こそ、誠心誠意、丁寧に丁寧にまごころをもって対するべきなのです。

○「ナンバー2の重要性」

仕事をするとは、多くの人々と出会うことでもあります。

私の場合も、二千社の会社と取引がありましたから、少なくとも千九百人以上の経営者と付き合ったことになります。

いま思い返しても、皆素晴らしい人ばかりでした。

人格識見ともに申し分無いという人から、とても魅力的な個性の持ち主まで、皆人間として高く評価出来る人なのです。

では、そういう人の経営する会社が全てうまくいくかと言えばそうではありません。

実は決め手は「良いナンバー2」にあります。

更に多くの経営者の共通して持つ悩みの一つに「良いナンバー2に恵まれない」ということがあります。

トップが立派であるからといって、必ずしもナンバー2も立派というわけではありません。

しかし、幸いにナンバー2に恵まれた会社は実に順調に円滑に業務が進みます。

何故か。

「社風はナンバー2がつくる」

社員から見て、上司がいる最高位はナンバー2で、この人が手本になります。社長は上司がいない人ですから、社員から言えば手本になりません。別格の人なのです。

ですから社員の目は必ず社長に対するナンバー2の一挙手一投足に向けられます。

ナンバー2が「面従腹背」なら、社員の多くもそうなります。

ナンバー2が「無責任」なら、社員の多くもそうなります。

それが社風をつくるのです。

会社ばかりではありません。官公庁も、スポーツチームも教育現場も、全てが良いナンバー2に恵まれるかにかかっています。

「吐哺握髪《とほあくはつ》」

周公旦は来客があると、食べかけたものを吐き、洗いかけた髪を握って、つまり食事中でも洗髪中でもそれを中断しても、人材を求めるのに熱心であったというたとえです。

何としても良いナンバー2に恵まれるのが、仕事がうまくいくかどうかの決め手です。

○私の職業観

二十五歳で突然生命の危機に遭い、以後五年間治療、リハビリを続けて、ある日医者から次のように言われました。

「いろいろ障害は残ったが、もうこれ以上は為す術《すべ》はない。これが当たり前だと思ってやっていくしかない」

その日から厳しい現実に直面することになりました。

「甘いことでは生きていけないんだなあ」とつくづく思い知らされることばかりでした。

身体検査で撥《は》ねられるから就職は出来ない。

障害があるから、肉体労働も出来ない。

PTSD（心的外傷後ストレス障害）がひどかったから通常業務にはつけない。

どうするか。

時に三十歳、年も年であったから、一時凌《しの》ぎの職業でかわすことは出来ない。

更に折角生命《いのち》を助けていただいたのだから、何とか社会にお返し出来る仕事でなくてはならない。

ここで考えに考えたことが私の「職業観」になりました。

私の職業観
「一人でも多くの人の喜ぶ顔が見たい」
その為に仕事はあるんです。

○どう生きるか

人生は、あなたのものですから、どう生きようとあなたの勝手です。

しかし、その時に絶対に心がけた方が良いことがあります。

あれは私の四十歳頃の話です。

ある中小の製造会社の社員意識の転換運動、「明るく、しっかり、張り切って」を指導しました。

担当は私より十歳ぐらい年長の人事部長です。

約一年間付き合いましたが、その間この人の笑顔というものを見たことがない。

いつもいわゆる「仏頂面」、怖《こわ》い顔で、無愛想。

一流大学出のエリートとのことでしたが、推進役の人事部が「暗く、沈んで、消極的」なのは、この部長が原因であることは明らかです。

何とかまずこの部長に変わってもらわないと、と思いましたが、あの怖い顔を思い出すと、私だって嫌です。

が、しょうがない、私の仕事です。

ある日思い切って話をしました。

部長の反論は、「いまウチは厳しい状態なんだ。ヘラヘラしてやってられる時じゃないんだ。バカなことは言わないでくれ！」

私「いや、だからこそ、厳しい状態だからこそ、明るく笑顔が必要なんじゃないでしょうか」

部長「水商売の店員じゃあるまいし。笑顔なんか全く必要じゃない。何を勘違いしてるんだ。これ以上言ったら取引停止だッ‼」

しかし、その後も繰り返し申し上げました。

結果から言えば、部長の怖い顔は無くなり、時には笑顔さえ見せるようになりました。

何が部長を変えたのか。

次の言葉です。

「独りで仕事をしているのではありません。部下がいるんです。独りで暮らしているのではありません。家族がいるんです。独りで生きているのではありません。多くの人と生きているんです。同じ一日を生きるなら、互いに笑顔の一日を生きようではありませんか」

○会社は田んぼだ

新入社員の季節です。

私は昔から彼らに言っていることがあります。（拙著『不変と先端・経営の道理』より）

ベテラン社員も、もう一度考えて下さい。

それは「会社は田んぼだ」

新入社員諸君、会社というところを、何かしてくれるところだと思っていたら大間違いだ。

会社は給料を払ってくれ、仕事を与えてくれ、しかも保養施設まで与えてくれるところだと思っている人は、いま直ちにその考え方を捨てることです。

会社というところは、君達にチャンスは与えるが、給料も仕事も与えてはくれない。

そこで会社は田んぼだと思ってほしい。

田んぼは自分で田植えして、稲を育てて秋になると「ハイ、出来ました」と米をくれるだろうか。

そんなことはない。

しかし、よくよく考えてほしい。

田んぼの持てない人のことを。

君には田んぼがあるんだ。

さァ、いかに豊年満作にするか。

それが君の生き甲斐だ。

○ほんとのその人を見る

名刺で商売するな、とよく言います。

会社名や肩書を頼りにするな。

頼りにするべきは自分の実力だと言っているのです。

ということは、如何に会社名や肩書で人を見がちであるか、ということです。

老子は「名の名とすべきは常名にあらず」と言って、見るべきは、既成概念と肩書と身形《みなり》を取り払った素っ裸のその人だと言っているのです。

また人間は、善があれば悪がある。

上品ならば、下品もある。

何でも「陰陽」で、両方あるのが人間だと思って付き合うことです。

よく「あんな善い人が、こんな酷《ひど》いことを」という評を聞きますが、それはいかに自分の視野が狭く偏《かたよ》っていたかを示しているのです。

○サラリーマンの危険性

サラリーマンの人生ほど難しいものはありません。

何故か。

働きには関係なく収入が月末に振り込まれるからです。

普通は、「実力＋能力＋努力」の発揮の分量によって、収入が決まるはずです。

だから、自分の力と報酬との関係がよく見えるのです。ところがサラリーマンは、そこのところが見え難いから、自分の力の査定が、自分でも良くわかりません。

ということは、自立、独立、つまり独りで収入を得ていく時に、自分の金銭的値打ちが計れないということです。

ほんとに自分はどれほどの価値を持った人間なのかを知ることは、実はとても重要なのです。

定年になっていきなり自分の実力をつきつけられても、とまどうばかりです。

休みの時に何かのパートで働いてみるとか、様々な方法がありますから、定期的に一度実力を金銭に換算してみてはいかがでしょう。

○知ったかぶりの恐ろしさ

老子の言葉に「知らずして知れりとするは病」というものがあります。

知らないのに、知っていると言うのはもはや病気だというのです。

人間はとかく知らないことも、知っているという顔をしたがるものです。

特に情報社会の今日、先端産業の一員だと自負していたりすると、なおさらそうなります。

私も若い頃は、そうした軽薄な人間でした。

役所主催の会議のメンバーであった頃のことです。

その頃ようやく重視されてきた知的財産権の訴訟の判例が話題となりました。

たまたま友人の弁護士から、そのケースの内容を茶飲み話で聞いていたこともあり、問われて「知っている」と答えてしまいました。

それでは次回詳細を発表してもらおうということになり、その場の空気で引き受けてしまいました。

その後の苦しい毎日はいまでも忘れません。

何しろ受け売りも良いところですから、発表などするには、一から勉強をしなければなりません。

一週間友人の弁護士事務所に通って猛勉強させられました。

それ以後は、知っていることも、知らない顔をするぐらいでちょうどよいと、思うようになりました。

○上司の在り方、部下の在り方

私は職場において最も重要なことは、次のことしかないと言っています。

「上司は、自分ぐらい出来の悪い上司に、部下の諸君はよく部下でいてくれている。何と有り難い人たちなのだ」と思って下さい。

「部下は、自分ぐらい出来の悪い部下に、上司はよく上司でいてくれている。何と有難い人なのか」と思って下さい。

どうしてこういう結論になったか。

これまで二千社以上の会社をトコトン見てきて、経営のコツはそう多くない。ここさえしっかりしていればという点は、五、六点にすぎないことが明確になりました。

その一つに、「心の交流のある職場」というものがあります。

その要点は、上司と部下との関係が、実に良くいっていること。

良い秘訣こそが、冒頭の考え方です。

反対を考えて下さい。

「私ぐらい優秀な上司（部下）はいないのに業績が上がらないのは無能な部下（上司）のせいなのだ」と思っている。

これでは社長がいくら正論を言っても、うまくいきません。

○生きていく基本

以前に私の会社で「嫌いなタイプの人間」を挙げてもらうアンケートを実施しました。

何と大多数の人が挙げた人間像が全く同じでした。

一言で言えば「利己主義の人間」は誰もが好きになれない人間なのです。

自分中心、自分勝手では、組織の中では生きられません。

ところが一生懸命仕事をやればやるほどその危険性が増してしまうのです。

「絶対やり切ります」

「この日までに必ずやります」

一見正しいことですが、だんだん視野が狭くなると、いつしか自分のことしか考えていないようになります。

更に何かをやり終えた後には、「私はこんなに苦労した」「こんなに頑張った」が基準になって他者を評価してしまう自分がいます。

絶対やり切ることも、頑張ってやり終えることも良いことです。

しかしその時忘れてはならないのは、多くの協力者や支援者、理解者や指導者、陰で心配して見てくれていた人さえいたことです。

そういう人に愛される秘訣は、ただ一つ言いふるされたことですが「報告、連絡、相談」を欠かさないことです。

◯「役割分担」が重要

ますます難しい時代となりました。

自社を取り巻く経営環境は、いきなりグローバルに突入したこともあり、国際情勢もしっかり読み解かないといけない。

いつ外国企業が競合になって参入してくるかわからない。

技術革新は猛烈なスピードで速まっている。

為替リスクは目を離せないし、金融政策はクルクル変わる。

いつとんでもないリスクが飛んでくるかわからない状況にあるのが企業環境の現状で

す。

自社がこういう状態ということは、自分個人のリスクもそれだけ高まっているのです。

こういう時には何が大切なのでしょう。

最も重要な対処策を言えば、「役割分担」なのです。

「先行きの心配といまの心配」、つまり、大所高所から自社の進むべき先に支障がないか、障害がないかをよく見て、進路を決定していく役目。

トップとその補佐役の役員の仕事です。

もう一つは、今日の仕事が予定通りしっかり行われなければなりません。

今日を順調に進める役目。

これは部門長以下の社員の仕事です。

これが基本です。

「今日と明後日《あさって》」、これが順調に回って進むかどうかに鍵があります。

個人の人生も全く同じことですが、個人の場合は、この二つの仕事を自分一人でやらなければならないのです。

是非会社と人生、両方をしっかり行って下さい。

○「縁の下の力持ち」に得点を

どのような経済環境になろうとも、何とかいつも、それなりの業績を挙げている会社があります。

よく見ると共有して持っている特長があります。

「陰の人、黒子、つまり縁の下の力持ち」を大切にし、大いに評価している会社です。

はなばなしく活躍する人がいる為には、その人の為に陰で苦労し、努力している人がいます。

むしろその人の力量が表の人に得点を取らせているのです。

そこをちゃんと見て、そうした裏方の人々の働きを認め、得点を加えている上司がいる部門、そうした「目配り、気配り」が出来る社長のいる会社は、業績の乱高下の少ない会社になります。

私は新任社長さん達に必ず申し上げることがあります。

「社長になって最初に訪問するのは、日の当たらない、忘れられているような、遠方で独りで頑張っている出張所や、暗く汚い、きつい職場ですよ」

そうした社員を大切にする会社は底力《そこぢから》が自然とついてくるものです。

○意欲の源泉

若い時、こんな経験がありました。

千葉県の九十九里浜に面して立つ食品工場から、社員意識と風土の変革指導の依頼を戴きました。

仕事ですから、戴くだけでも有り難いと思うべきです。

が、どう考えても労多くして益なしという仕事なのです。

世話になった先輩の口利きですから、お断りするのはどうかと思われました。

しかし超多忙な時期で、どう見ても採算が取れそうにもありません。

社長としては、そういう仕事を引き受けるのもと悩みましたが、とりあえず現地に伺うことにしました。

会社の状況は複雑で、なかなかの難題でしかも予算が少ない。

こちらの意欲も上りません。

半ばお断りすることを決めて工場を後にしました。

外へ出ると目の前を初夏の真っ青な大空と太平洋が広がり輝いています。

思わず引き付けられました。

心の広がりを感じ、風景を見詰めていました。

「これは凄い風景だ」

心の中で呟《つぶや》いていました。

次の瞬間、「利益は金銭ばかりじゃあない。毎回この風景に出会えることこそ、大きな利益ではないのか。」と思って決断しました。

お引き受けをし、約一年間通い続けたことは、言うまでもありません。

大成功でした。

リーダーの条件

○謙虚とは何か

「不《ふ》争《そう》謙《けん》下《か》」、これも老荘思想の大切にしている言葉であり、重要な概念です。

「不争」とは何か。

争い事には、一つも良いことがない。

勝ったとしても、相手に怨みをのこす。あるいは、関係修復に、勝って得た以上のエネルギーを費《つい》やすことになる。

したがって「争わず勝つ」ことが重要になります。

そこで出るのが「謙下」、謙虚という心なのです。

ところが、これがなかなか判然としない。

ただ単に腰が低いというのでもなく、へり下っているだけでもない。

もっと精神的な意味合いがあるはずだと、突き詰めてみたわけです。

結論として出てきたのが次の言葉です。

「自分の最もやるせない時の心に戻ること」

やるせないとは、思い通り出来ない、旨く出来ない。その末、同僚に多くの迷惑をかけてしまった。更に会社に多大な損失を負わせてしまったなど、新入社員の時などに感じた自分に対する無能、無力感です。

こうした時の気持ちを失わなければ、まず「感謝の心」を失いません。

感謝の心があれば、相当寛容になれます。

より広く、高い見地から寛容な気持ちと感謝の心をもって対すること、これが謙虚ということです。

ただ忘れてはならないのは、言うべきことや要求すべきことは正々堂々と言うべきです。

それが傲慢にならない為にも謙虚の心が必要なのです。

会社で言えば、「創業期の苦労を忘れない」ということです。

謙虚を忘れなければ、争うようなことにはなり難いのです。

○「小心者が勝つ」

私はリーダーの条件を一つ挙げろと言われれば、「小心者であること」と言います。

『老子』のリーダー論からきています。

「リーダーとは、予《よ》として冬に川を渉《わた》るが如し。猶《ゆう》として四隣を畏《おそ》るるがごとし」

予というのは慎重ということ。冬は、川には氷が張られていますが、大胆に歩くことは出来ません。おっかなびっくり、おそるおそる、こわごわ歩むこと。

猶とは、用心深くということ。四隣を畏れるとは、周囲を恐れて、という意味です。

リーダー像の冒頭に挙げられている二つの要素が、慎重で用心深く、おそるおそる周囲を恐れて歩んでいるというのは、とても象徴的だと思います。

これは、「出る杭《くい》は打たれる」のように、リーダーとして業績を上げ名声が上がるほど、襲いかかる敵もまた多く手強くなるのです。

大胆不敵な部分も必要ですが、その基本は細心、小心です。

「脇が甘い」

相手につけこまれやすいという意味ですが、慎重さを欠いた言動のことでもあります。

リーダーは何しろ重責ですから、また権力も与えられます。

権力を駆使しないと改革改善は円滑に進みません。

危機はその時です。全てについて権力が通用するかと言えばそうではありません。

「公私のけじめ」が曖昧になってくると、重責、つまり公的な責務責任を果たす為に与えられている権力を、ついうっかり私的な事に使いがちで、公私のけじめがだんだん無くなってしまうものです。

上にいけばいくほど、小心者になって慎重の上に慎重、用心の上に用心をすることが大切になってきます。

○真のリーダーの在り方

順風満帆、順調な時は、誰でも聖人君子になれます。

要は、逆風逆境のどん底の時に、どのような人間になるかが重要です。

そのトレーニングは次のように行います。

嫌なことに積極的に立ち向かう。

その時に「立派な自分であれば」、というテーマで、「態度、発言、決断、対処」を行う。

その後に、これを一つ一つ自己評価してみる。

合格とすべきこと、不合格とすべきことを出す。

改めるべきは改める。

強めるべきは強める。

これを十年間、繰り返して行うのです。

見違えるほどの成長が確保されることでしょう。

更に重要なのは、「自信」がしっかり定着することです。

「真のリーダー」とは、ダメな自分を一生懸命成長させてきた経験を持つ人なのです。

○目指すべき人物像

口八丁手八丁とか、才気渙発《かんぱつ》、自分の見せ方がうまいなどの人は、存外社内の信頼が長続きしないものです。

私も既に五十年多くの人を見てきての感想です。

やはり、地味に誠実に黙々と自分の役割を果たすことに徹して生きている人は、なかなか目立ちませんが、やがて必ず頭角を現してくるものです。

こういう人は、ナレナレしく出来ないし、嫌って遠去けることも出来ない。

利すことも、害することも、つまり口先ばかりのお世辞も通じないし、バカにすることも出来ません。

目指すとすれば、こういう人です。

○上司に必須なこと

人生というものは、年季の入った年頃、四十や五十を言うのでしょうが、この頃になると大方の人が、人の上に立つようになるものです。

つまり部下が出来るわけです。

この時が一番難しいと言われます。

何が難しいかと言えば、人を使うということです。

人間というものは、そう一筋縄でいくようなものではありません。

しかし、一度部下を持つと、だいたい退職まではそのまま上司として仕事をすることになりますから、ここが出来ないと最後まで苦労することになります。

そこで人の上に立つようになったら、最低次の事だけでも守って下さい。

「上下のバランス」です。

地位が上になったら、「何か」が下にならないとバランスが取れないのです。

何かとは。

例えば、ものの言い方、態度や姿勢、何かの時の順番などです。

ものの言い方は、上から目線は厳禁。

常に下から丁寧に。

態度や姿勢は、横柄や尊大をやめて、謙虚に思いやりをもって。

何かの時の順番は、出来る限り部下を先に。

常に自分は一番最後に。

○前を向いて歩こう

吉田松陰『留魂録《りゅうこんろく》』と橋本左内《さない》『啓発録』の講義の依頼を戴いたので、改めて一言一言噛み締めて予習をしているうちに、気付いたことがあります。

老子の言葉に「褐《かつ》を被《こうむ》りて玉を懐《いだ》く」という箴言《しんげん》があります。

私のモットーでもあります。

意味は、粗末な衣服を着ていながらも、宝玉《ほうぎょく》のような尊い心を持っていること。

現代流に言うのなら、「カッコつけるな、中身《なかみ》で勝負だ」。

二人とも不遇で貧しい人生ではありましたが、いつも威風堂々、怯《ひる》むところがありません。

この二人の明朗開豁《かいかつ》、明るく、ものにこだわらない快活さはどこからくるのか。

それは、トコトン考え抜いた末に得た、自分の信じる道を、前を向いて力強く歩いているからに違いない、とつくづく思ったのです。

○天に伺ってみる

課長になったり、部長になったり、組織の長になるのは、「おめでとう」というべきでしょう。

努力なくしてあり得ないからです。

しかし要注意は就任した後から、すぐ来ます。

まず部下を持つということは、部下の行いに対して判定を強いられることです。

時には、罰したり、罪を認めさせたりします。

つまり人間を裁《さば》くのです。

実に大それた行為です。

ですが慣れてくると、何とも思わずに行えるようになってしまいます。

実に怖いことです。

ですから「長」という字の持ち主は、必ずやってもらいたいことがあります。「天との対話」です。

天に代わって人を裁いているのですから、常に自分の今日の仕事ぶりを、天に伺い、何事も天の同意を得て行うことです。

○立派な人間になること

「末は博士か大臣か」という将来の目標も、何だか当たり前になってしまったようです。

人間として目指すべきは何なのか。

「人生のガイド役」を務めていると、最も気になるテーマです。

「偉くなること」を目指した時代もありましたが、高位に上れば、それだけ転げ落ちる危険性も増します。

大金持ちと言いたいところですが、「小金持ち」として、これを目指した時代もあります。

しかし達成してみても、結局何の為の人生だったかと疑問に思うばかりなのです。

となると、やっぱり目指すべきは、江戸の一流人のように「立派な人間」となります。

職業が何であろうと、どのような身分であろうと、男であろうと女であろうと、愉快な人生の必須の条件となります。

多くの人々から、「尊敬され、一目置かれ、信頼され、尊重される人間」になるのです。

では、何を心掛ければ良いのか。

まず「徳（自己の最善を他者に尽くしきること）」です。

プラス「仁・義・礼・智・信」です。

信は、あなたが仁・義・礼・智を相手に示すことによって得るものなのです。

忘れないで下さい。

◯リーダーとしての目標を持つ

一人でも部下が出来れば、それはもうリーダーです。

また家族の中では、お父さんはリーダーでなければ困ります。

更に、乗っている電車が突然止まってしまった。

車内のほとんどが小中学生や大学生だとしたら、大人であるあなたがリーダーにならねばなりません。

つまり人間は社会人になったら、リーダーシップを心得ておかなければならないのです。

そこでリーダーとしての目標が必要となります。

拙著『リーダーに大切な「自分の軸」をつくる言葉』の最後の文章、つまり結論は、いわば私のリーダー論の結論でもあり、皆さんが目標とすべきリーダー像としてまとめたものです。

挙げておきましょう。


「リーダーの威光を放つ」

何事があっても、どっしりと構え、体の内側から重厚感を醸しだす。

厳しいながら、人柄は温厚で、いつも穏やかな表情を崩さない。

常に威厳に満ちた態度をとり、だからといって傲慢ではなく、ふるまいは非常に謙虚である。

心にわだかまりがなく、晴れ晴れとしている。

このような所作は、物事の根本を見極め、鋭く洞察する修練を積むことで醸し出されてくる。

リーダーの風格とはそういうものです。

○大きな人間とは

『論語』に「君子は器《うつわ》ならず」とあります。
よく言われるのに、何故器ではいけないのかということがあります。
例えば食器というものには、ご飯茶碗もあれば、汁椀もあり、皿や小鉢もあります。
何故これだけの種類があるのかといえば、各々に用途が違うからです。
ということは、各々の器には各々の役割がある。
つまりそれ専門の用途があるのです。
全てを一つか二つの器で済ますということは、ありません。
別の言い方をすれば、用途の違う要求には応じられない。
つまり何にでも使える大きさはありません。
『論語』の言葉はこれを言っています。

「大きな人物になってくれ」ということです。

このところ、様々な分野で、「人間が小粒になった」「小人ばかり」などの声を聞きます。

大人物が望まれているのです。

さて、どうすれば人間を大きく出来るのでしょう。

何よりも大切なのが心を大きく持つこと。

その為には、「大志を抱け」です。

もう一つ「正々堂々と生きること」です。

疚《やま》しいことがあると、どうしても他人の顔色をうかがうようになり、心が小さくなります。

是非晴れ晴れとした大空のような人間になって下さい。

○清く美しい流れ

清く美しい人生を生きることこそ、真なる日本人の暮らし方なのだと主張した拙著『清く美しい流れ』が、何故かいままた読まれているそうです。

有り難いことです。

ズバリ、そうして生きた日本人の典型は誰だといえば、それは吉田松陰なのです。

三十歳にして人生を終えてしまうのです。

更に終わりの五、六年間は囚人として牢獄の中で過ごしました。

その間に彼が書いた手紙のほとんどは「松陰全集」で読むことが可能です。

そこで驚かされるのは、私事、私欲、についての要求は何一つないのです。

好物もあったでしょう。

そうしたものの差し入れを望む一文も見当たりません。

そのほとんどは、「この我が国を憂い、この社会を良くしたい一念」しか述べられていません。

こんなにも清く美しく生きた青年がいたことを忘れてはなりません。

松陰を偉人としてではなく、若くして死んでいった自分の息子として思ってみたら、たまらない気持ちになります。

○自分を大きくする

折角生まれてきたのだから、どうせ生きているのだから、大きい人物になって、大きく生きてみたいものだ。

それが最大の親孝行だ。

と思って、大人物になる方法を考えてみました。

頼りになるのは、歴史上の人物です。

近くは西郷南洲、少し遠くは徳川家康など参考になります。

二人を大人物にしたのは、何といっても「辛酸」です。

では誰でも辛酸を嘗《な》めればそうなるのでしょうか。

二人をよくよく見ると決定的な事を発見します。

それは「酸いも甘いも噛み分ける」

つまり辛酸を後の自分の人生に活かせるように、その経験を一つ一つ丁寧に整理して教訓にし、世事や人情に通じてしまったことです。

つまり「経験を大切にして必ず学ぶ」ことなのです。

これこそ自分を大きくする要点です。

もう一つ挙げれば、佐藤一斎も『言志四録』で「現在の社会にいる人物をライバルにするようでは、大人物にはなれない」と言っています。

「歴史上の人物を皆ライバルにするようでなければ」と言います。

西郷南洲も徳川家康もライバルにすると、一層彼等の人生が学べるようにもなります。

人の間で生きる

○勝った時は相手に花を持たせて終わる

スポーツでもビジネスでも、討論でも人事考課でも、一番易しいのは敗《ま》けた時で、一番難しいのが勝った時なのです。

敗けが何故易しいかといえば、まず闘った相手は勝っているのだから嬉しくてしょうがないわけで、これは放っておいても良いし、周囲の人々は敗けた自分に対して気の毒に思っているわけだから、これも大してフォローしておくことはありません。だから敗けた時は易しいのです。

要は勝った時です。

何より表情が難しい。余りにも嬉しそうにすると敗けた相手が怨《うら》むことになり、敵対する人間をつくってしまうことになり、これは先行きを厄介にします。

周囲の反発も招くことにもなります。

ではどうするか。

完勝は避けるべきで、これで勝ったと思った時点で惜敗に持ち込ませてあげるのが大人の勝ち方なのです。

そして相手の何かをトコトン誉める。

「こんなに手強く素晴らしい相手はいなかった」

勝った喜びを語るよりも相手の素晴らしさを語ることです。

つまり相手にとっての最大の理解者になってあげることこそ大切なのです。

まず相手は闘ったからこそ理解し合えたと闘い自体を肯定的にとらえます。次に敗けたにもかかわらず余り悔《くや》しいという感情が残りません。

つまり敵をつくらないで済むのです。

更に新たに深く理解をしてくれる友人を一人得たと思うのでしょう。

私も若い時、討論やプレゼンテーションで勝ったは良いが、のちのち怨まれていつまでも反撃を受け、喜ぶどころかウンザリした経験があります。気をつけて下さい。

○世界語になった「徳」

近頃つくづく思うことに、「徳」という行為を発見した人間というものは、凄いものだなということです。更にいえば、これが世界的に重視されてきて、西洋人も「Ｖｉｒｔｕｅ（徳という意味）」を大切にしている人が多くなりました。

では、徳とは何か。

いろいろの解釈があります。

しかし私は、次の定義が一番しっくりきます。

「自己の最善を他者に尽くしきること」

と言うと、多くの人は皆言います。

「そんな凄いこと出来ない」と。

ここで言っているのは、ごくごく易しく言えば、「まごころこめて行ってくれ」ということなのです。

「まごころこめて」でも良いし「いのちがけで」でも良いのです。

いのちがけで話す。

いのちがけで聞く。

いのちがけで書く。

いのちがけで読む。

いのちがけで考える。

どれもが「徳」の真髄を表しています。

そのぐらいの気持ちで何かをしてもらった相手は、必ず「有り難う」と言います。

二人の間に「感謝の人間関係」が出来上がったのです。

人間関係は損得関係、利害関係などいろいろありますが、この感謝の人間関係が最上等なのです。

これがほんとに世界中に広まったら素晴らしいと思いませんか。

○非礼無礼の対し方

私は「仁や義、それに礼や智や信」を説いて暮らしています。

つまり「四書五経」を講義するとは、そういうことなのです。

そうした時、必ず受ける質問があります。

「こちらがそうした精神で対応しても、相手が非礼無礼だったらどうしたら良いのか」

「あなたはどうしてきましたか」と反対に問うと、多くの人は、「そういう人間には、相手を上廻る非礼無礼で抑えつけるしかないのではないか」という答えです。

私の答えは次の通りです。

「真に仁や義を感じる人に、人間は非礼や無礼になれるだろうか。例えば天皇陛下のような人格の人に対して、非礼無礼になれる人は少ないと思います」

したがって、相手が非礼無礼になるのは、「まだこちらにそれを許してしまうだけの、同様の要素があるからだと思って下さい。尚一層自分の仁と義に磨きをかけるチャンスをもらったと思われたらどうですか」というのがその答えです。

○何故仁が大切か

『論語』をもう一度、一言一言を問いつつ読んでみました。

「『論語』講義」があちらこちらで始まるからです。

もう既に『論語』は三百回以上は読んだのではないでしょうか。

しかし特に最近は、読む度に新しい要所に気付きます。

『論語』は孔子が「仁」について説いた書物だとよく言われます。

したがって「仁」がわからなければ『論語』は語れません。

いまから二十四、五年前に、一回目の仁との格闘がありました。

仁を語ることは出来ましたが、真に仁が体得されていたかといえば、残念ながら否でした。

トコトンまで行き着いた時、偶然訪れた「井上靖文学館」のパンフの記事で、やっと仁の本質をつかむことが出来ました。

十二年前、二回目の格闘は、佐藤一斎の文章で考え方の糸口をもらいやっとわかりました。

そして今回、もっと深く近く何気無く「仁の正体」を実感したいと思いました。

そこでわかったことがあります。

われわれ人間は、少なくとも誰かと係《かか》わりをもって生きています。

家族や親族の場合もありますが、全くの他人の場合もあります。

一人で生きているという人でも、例えば担当の医者や看護師とはどうしたって係わりは持ちます。

更に昔の友人、同僚など、「いまどうしているかなぁ」と思うのも係わりです。

したがって係わりを持つとは、その人の心を動かす、あるいは、煩《わずら》わすことなのです。

だから私達は、「他人《ひと》の心を煩わして生きている」のです。

その分今度は私も他人《ひと》から煩わされて生きているのです。

つまり面と向かって言葉にして言わないが、あなたの事を思って、一時だとしても、あなたに心を向けている人がいることを忘れてはいけません。

誰にというわけではないが、そういう人に対して感謝の心を差し上げること、これが

「仁」なのです。

○感謝の人間関係

「人生の醍醐味《だいごみ》」といえば、無から有の人生のことです。

一文無しから巨万の富を礎《きず》く人生などは、その典型例です。

話で聞いていれば面白いが、その当人になれるかといえば、なかなかそうはいかない。

「人生の妙味」といえば、敵対関係から無二の親友になったなどがありますが、

――これもなかなか難しい。

「人生の有り難み」

この最たるものが「感謝の人間関係」です。

これは、「自己の最善を他者に尽くしきる」

つまり徳を尽くすと、相手の人が自分を「感謝してくれる」ことになって出来る関係です。

これであれば、誰にでも出来ます。

この凄さは、自分に何か一旦緩急あった時に、助け、励まし、支えてくれる親友をつ

くるところにあります。

要は全力投球、真心こめて応待することです。

この関係を一人でも多くつくるのが、「人生の真の意味」なのです。

○運を強くする

絶体絶命のピンチに助け舟が来るか。

これが運の強さと言われています。

では、どうすれば運を強く出来るのか。

「徳をつむことだ」と言われています。

前回にも触れた「徳」です。

改めて考えてみると、徳という概念が実に幅広いことに気付きます。

「困っている人に対して親身に世話をする」ことから、道路、トイレなど多くの人が利用する場所を、「人の気付かぬ時に毎日きれいにしている」などあります。

しかしやはり身近な人からしっかり尽くしてこその徳でしょう。

まず育てていただいた両親、長年連れ添った古女房、ご指導下さった師や先輩、現在支えてくれている会社の同僚や部下。

ここぞの時に精一杯徳を尽くすことです。

そう力を入れることはありません。

「嫌な顔一つしない」で「ハイ」と引き受ける。

これだって立派な徳です。

○よくよくの縁

人生とは、良い人間関係に恵《めぐ》まれるかどうかに尽きるものです。

人の一生を後に調べてみると、充実感と満足感にあふれた良い人生を歩んだ人には、きまって「この人無くして」という教師や上司、親友や仲間などいわば人生のキーマンが必ずいます。

しかしよくよく考えてみれば、そのキーマンは、その人ばかりでなくいろいろな人と出会っているわけです。

ということは、人間と人間、この人でなければという出会いは、如何につくられるのでしょう。

多くの人々の人生をよくよく見ると、やはり「待っている」人に欠くべからざる人との出会いが来るものなのです。

こういう人と出会いたいと強くリアルに思うことが大切なのです。

しかしその前に行うべきことがあります。

それは、いま既に出会っている人との出会いを、もう一回じっくり充実させたらどうでしょう。

職場でいえばいま上司の人、いま部下の人。

家庭でいえば、夫や妻。子ども達。

もう一回、じっくりと話を聞き、じっくり話し込んだらどうでしょう。

ひょっとすると人生のキーマンであるかもしれません。

何しろ、「よくよくの縁」なのですから。

○この世はつながっている

どうやらこの世は全てつながっているようです。

Aさんにしてあげた親切な行為は、Aさんから必ず返ってくるとは限りません。

しかしZさんやYさんから、つまりとんでもない、思ってもみなかったところから返ってくるものです。

反対もしかりで、イジメや不親切も、やがてどこからか返ってきます。

したがってこの世はつながっていますから、Aさんに嘘を言っても、ZさんやYさんがその真実を知るところとなり、やがてAさんに伝わることになります。

ということは、知られてはならないことはやがて多くの人の知るところになるのです。「そんなことどうしてオープンになってしまったんだろう」ということを私も良く耳にします。

隠し事は、結局人のつながりによってオープンになってしまうものなんです。

○何が大切か

最近は何をやるにも「利益」ばかりを思っているようです。

利益はとても大切なもので、次の行動の原資になるわけですから、これがなければ回転していきません。

しかし、だからこそ考えるべきことがあるのです。

いま私は回転するには原資が必要と言いましたが、それ以上に必要なのが、理解者や協力者、共鳴者や賛同者なのです。

こういう人達がいるからこそ、物事は回転して先へ行くのです。

したがって時には利益を得るより、そうした人達との「絆《きずな》を強める」ことの方が必要になる時だってあるのです。

「支払う」という相手の行いは、この取引の終わりを意味します。

下手《へた》をすると永遠の関係の終わりも意味してしまうこともあるのだと思って下さい。

したがって、そう「利益、利益」とばかり言わないで、更に人間関係のプロフェッショナルになったらどうでしょう。

○人が読めるとは

生きているとは、人と付き合っていくことです。

しかしその相手の人というのが、実に様々な性格、価値観の持ち主なのです。

そうした人々と、心を通わせ、理解し、力を合わせて、物事に取り組むのが人生です。

したがって愉快な人生の必須の能力とは、「人を読めるかどうか」にかかっているのです。

一目見て、「この人はこういう人だな」と読んで、言葉も選び、内容も配慮していくことが必要です。

ではこの「人を読む能力」は、どのようにすれば得られるのでしょう。

「四書五経」の一つ『孟子』は、やるせない不遇な幼年期を過ごした人ほど、人の心を読むことに巧みになると言っています。

つまり「八方に気を使い、遠慮して遠慮して暮らす」ことです。

一回やってみて下さい。

○大人とは何か

最近つくづく感じるのは、「大人が少なくなった」ということです。

大人とは何か。

少々自分の損になっても「退《ひ》け時を知っている人」のことです。

会社で何か対立する問題が起こった時、もうこの辺りが退け時と、対立する二人が心得ていれば、「三方一両得」の解決も可能になるのです。

しかし当の二人が対立を続ければ、結局「三方一両損」で引き分けとせざるを得ません。

仲介役を務めることの多い私などは、いつも当事者が「大人であること」を願って仲裁に立ちますが、近頃は、この大人という人がめっきり減って、ただ「駄駄を捏《こ》ねる」人ばかりになってしまったように思います。

「駄々を捏ねる」とは何か。

辞書にはこう書いてあります。

幼児が自分の思い通りにならない時、泣いたりあばれたりして、わがままを言い張ること。

少しでも折れて退いてくれると、仲介役の私としては、何とかその人の得になるようにとの配慮が働くのです。

徹底対立となれば、「喧嘩両成敗」しか方法がなくなります。

健全な社会づくりは、皆が大人になることです。

○当事者意識さえあれば

家庭で、あるいは職場で何か問題が起こったとします。

問題解決には何が必要なのでしょうか。

より良い解決策を考えられる頭脳。

多くの問題解決をこなしてきた経験。

驚異的な実行力。

いや、どれも違います。

仮にこうしたものがあったとしても、メンバーの誰しもが、「それは私の問題ではない」「それは私に関係のないこと」と思っていたら、どうでしょうか。

解決はとても望めません。

反対に、どのような問題であろうと、「それは私の問題だ」「私がやらずして誰がやるのか」と全員が思ったら、少々解決能力に欠けようと、解決はもう直ぐに見えます。

「当事者意識」こそが必須なのです。

ではその為には何が必要なのでしょう。

「この家庭は、この職場は、私にとってかけがえのない、大切なものだ」と心から思っているかどうかなのです。

○人を好きになる

この頃私は実に有り難い日々を過ごしているように思うのです。

それは、様々な人とお会いしますが、一人として俗に言う「嫌なヤツ」はいないのです。

一人残らず皆とても良い人ばかりなのです。

では以前はどうであったかといえば、必ずしもそうではなく、嫌なヤツとも出会うことが多かったのです。

では何故急にそうした人がいなくなったのか。

よくよく考えてみると、原因はどうやらこちらにあるようです。

つまり私が人間にとても興味が出てきた。

人間に対する興味が強くなったと言っても良いでしょう。

どの人にも「ファミリー・ヒストリー」があり、物語れるほどの経験がある。

更にその体験を上廻るほどのお考えがある。

思想がある。

人生哲学があるのです。

そうした意味で「人が好きになった」のかもしれません。

この効果は絶大なものがあります。

おすすめします。

○若い時の友人

このところ何故か、三十年振り、二十年振りに旧友と再会することが多いのです。

それぞれ立派な人間になっていることも多いのです。

つまり会っていなかった期間に、各々独自の人生を歩んでいたということです。

登山に例えれば、登山口辺りで出会った人々と八合目か九合目でまたバッタリ出会ったようなもので、互いの努力と精進に敬意を表するところがあります。

この感じこそ言葉で表すことの出来ないような深い喜びがあります。

「人間は喜びの為に生きている」のです。

この喜びを実感する為には、いまから友人をなるべく多くつくることです。
友人には二種類あるといわれます。
「朋」師を同じくする友のこと。
「友」志を同じくする友のこと。
特に若い時に共に学び合った仲というのは、格別のものです。
積極的に学びの場へ参加しましょう。
学生時代と違って、社会人になってからの「朋友《ほうゆう》」は、また実に良いものです。

人間の根本

○親孝行とは何か

ある高名な経営者は、人事部長にいつも「孝行者を採ってくれ」と言っていました。何故か。

それこそ『論語』にあるように、「その人となりや孝弟にして上を犯すことを好む者は鮮《すくな》し」。

親孝行の者には、組織を乱すような者は少ないといっています。

親を敬《うやま》っているということは、上司との関係を礎く練習を毎日やってきた、ということなのです。

それは家庭においては家庭、学校においてはクラス、会社においては自社の秩序を守ることを、自然と習得していることになります。

だから組織人としては誠に優秀、上司との付き合い方、チームワークの取り方、部下との関係のつくり方など、既に充分に身に付いているのです。

上司としては、こんな手の掛からない部下はいません。

いまさらながらにあの経営者の慧眼《けいがん》には驚くばかりです。

さて、それでは親孝行の最も大切なところを一つ挙げろと言われたら、あなたは何を挙げるでしょうか。

ここでも孔子は名言を吐いているのです。

答えは、「色難《いろかた》し」

子夏が孝を問うたのに答えて、孔子はこう言います。

「力仕事や高い所の仕事など、若い者が行う方が良いと思われる仕事は、すすんで引き受ける。

ご馳走があったら、真っ先に親に召し上がっていただく。

しかし、それだけで孝行といえるだろうか。

一番の孝行は、その時の顔の表情なのだ」

いやいやながらに、不愉快そうにやられては、親はかえって迷惑。

笑顔で、楽し気にやって、それが孝行というものだ、と言っているのです。

○人間とは何か

こんな大それた表題を掲《かか》げると、田口もいよいよ頭がおかしくなったかといわれそうです。

しかしこれこそ人間にとって一番大切なことではないでしょうか。

だから江戸期は小学一年生に教えました。

あなたが人間に生まれようとして天に願い出た時（これは仮説ですがとても重要な仮説です）、天は、人間に生まれるのであれば、これを持っていきなさいと、特に人間にだけ与えてくれたものがあるのです。それが理性です。

人間も動物ですから「本能、欲望」は充分にあります。

他の動物はこれだけですから、欲望の奴隷《どれい》となって、欲望に扱《こ》き使われて一生終えることになるのです。

しかし人間には理性という大きな武器が与えられているのです。

だから欲望をピシャっと制圧してしまうことが出来ます。

これこそが他の動物と人間を分かつ要点であり、したがって人間とは何かを明確に示しているのです。

では理性とは何か、といえば、内訳は「精神・意識・霊魂」といわれています。

人間を磨くとは、これ等を磨くことなのです。

精神・意識は古典を読むことで磨かれます。

霊魂は、「美しいもの」に接するたびに磨かれます。

車に例えれば、欲望がアクセル、理性がブレーキです。

どうかアクセルだけの車に乗らないように!!

○もう一度「仁」の復活

明君の行う政治を「仁政」といいます。

その意味するところは「人情」があるということです。

それでは人情とは何かといえば「困っている人を見て気の毒だと思う心」です。

そうです。「惻隠の心」というところに行き着くのです。

儒家の思想の凄いところは、このように心という曖昧で執《と》らえ所の無いものを明確に解釈しているところです。

更に感心するのは、その一方広がりもとてつもなく広いのです。

仁とは人間性、人間に対する思いやりを言いますが、これを広げていくと「人類愛」というものになります。

冬の夕方遅く家路を急いでいる時、ふと目にした一軒の家の窓。一家で鍋でも囲んでいるのか、湯気で少々曇っている。中では子どものはしゃぐ声がする。

「幸せなんだなぁ」と思うと同時に、いまこの時世界中の人々がこのような一家団らんの一時を過ごしてくれたらなぁと願う、この気持ちも「仁」なのです。

○もう一度「義」の復活

孔子は「仁」を説きました。

それから二百年後、孟子は「仁」だけでは駄目だ、どうしても甘くなる。そこで「義」も加え、「仁と義」を説きました。

私は絶妙な調和だとつくづく感心しています。

仁は人間性を言います。

義は社会性を言います。

この世の根源である「人間性と社会性」を言っているのです。

どちらが欠けても不完全。両方あってはじめて完璧になります。

言い換えれば、この二つあれば、社会も国家も家庭も職場も個人も必ず良い存在と誰もが認めるものになるでしょう。

更に仁は、思いやりの心で個人の在るべき様を言っています。

義は、公《おおやけ》の為に私情や私欲を捨て尽くす心、自分の役割をしっかり果たすことなど、組織の要諦を言っています。家庭でいえば、一家のメンバーが各々その役割をしっかり果たしていることです。

「仁の人」と言えば、他人の心の痛みがわかる人。

「義の人」と言えば、己のいのちも考慮せず他人のいのちを助けようとする人。

「仁の人であり義の人である」のがわれわれの目標とすべきであり、何と日本にはこのような先人が多いことか。

○悟りとは何か

私のこれまでの人生を支えてきたものは何か。

それは「大空」です。

きわめて強烈な人生の危機に、これまで何回か襲われました。

小学校二年の時のショック。

中学校一年の時の挫折。

二十五歳の時の生命の危機。

その後の重度の後遺症。

創業以後の経営の悩み。

理想と現実のギャップによる絶望。

しかし何とか、そこから立ち直ってきました。

立ち直る時は、いつも空を眺めていました。

実に空は私の恩人です。

果てしなく広大な空を長い間眺めていると、そのうち必ず、こう呟《つぶや》いている自分がいます。


「そうだ、もう一度、元気を出して生きてみよう‼」


ある時三陸の気仙沼《けせんぬま》から大島に渡る船の中で、被災された知人から、「悟りって、一体何なのでしょうかねえ」と問われるともなく、聞かれました。

とっさに私は「そうだ、もう一度、元気を出して生きてみようということです」と答えていました。

自分でも意外な答えに、その時は自分が答えているのか、何かに言わされているのか、わかりませんでした。

しかし、いまははっきりと言えます。

悟りとは、「そうだ、もう一度、元気を出して生きてみよう‼」ということです。

○あなたには凄い力がある

考えてもご覧なさい。

何も出来ずに、全てを母親などの他人のご厄介で生きていた赤ん坊のあなた。

こみ入った計算などまったく出来ず、更に難しい漢字の一つも書けなかった小学生のあなた。

暮らしの金も稼《かせ》げず、ただ親のスネを齧《かじ》るしかなかった中学生のあなた。

そのあなたが、いまや親子四人の家族を養っている。

子どもを学校にやり、休みにはディズニーランドにまでつれていってあげている。

その上会社では、誰もがいやがる嫌な仕事にひたすら挑み続けている。

多くの同僚、先輩、後輩、仲間もいる。

くたびれたとはいえ、何とか働ける健康な身体もある。
一員として会社を支えている能力もある。
あの何も出来ずに泣いていたあなたが、こんなに成長したんです。
どうですか。
こうした自分の凄さに気付いていますか。
あなたには底知れぬ凄い力があるんです。

○やっぱり徳に尽きる

「四書五経」って何が書いてあるのかとよく問われます。
より良い人生、愉快な人生の秘訣が書いてあるのです。
その秘訣って、一言で言えば何ですか。
と問われて、よくよく考えてみる。
「やっぱり徳に尽きる」というのが答え。
徳とは、自己の最善を他者に尽くしきること。
いま改めて、「やっぱりこれに尽きる」とつくづく思うばかりなのです。

もう一度心を改めて、一時も忘れることなく、徳の実践窮行、これに徹底することです。

○赤ん坊の心にかえる

ひと思いに、赤ん坊の心に戻ってみたらどうでしょう。

どこまでも広がる青い大空のように、晴れわたって何も無い心。

ひろびろと、ひろびろとした心。

余計なことは捨てておけといわんばかり。

気にかけない。

こだわらない。

心の解放だ。

これが無心というものか。

そうか、だから赤ん坊は生命力の固まりなんだ、とつくづく思い、これだったら、どんな事にも立ち向かえる。

いや、この心は光り輝き、きらめいているから、嫌なものを寄せ付けない。

エネルギーの固まりだ。

元気の大本だ。

○年を取るとは何か

年を取る、年齢を重ねるということは、肉体と精神のバランスを知ることです。

私の経験でいえば、四十歳がイーブン、五分五分です。

そこからは、肉体がどうしても劣《おと》ってくる。

五十歳で四分六分。

六十歳で三分七分。

七十歳で二分八分です。

しかし肉体が劣るのは確実なのに、精神が優《まさ》るのは、その人次第なのです。

したがって、五十歳からは六分、七分、八分と増加して、肉体をカバーできれば良いのですが、そういかなかったら一大事です。

精神面の強化。

どうすればよいのか。

それは若い時から「古典」と付き合うことに尽きます。

○正々と生きるとは

弟子が孔子にこう聞きます。

「先生、立派な人とはどのような人でしょうか」

　これに対して孔子は「それは憂《うれ》いも懼《おそ》れも無い人だ」と言います。

憂いとは、心配事や不安な思い。

懼れとは、何かが発覚することをおそれるなどのおそれです。

それに対して弟子が、「その程度で立派な人か」と言います。

孔子は、「それは疚《やま》しいことが無いということで、やっぱり立派に生きている人だ」

と言います。

つまり立派な人とは、「疚しいことがない人」なのです。

疚しいこととは、ついうっかり貰ってはいけない金品をもらってしまったとか、会社の金品を私用に使ってしまったなどから起こります。

この程度ならいいだろうと、勝手に自分で甘い規準をつくって良い悪いの判断をしていないか。

何か正当性を無理してつくっていないか。

社会には通らない理屈で不正を正当化していないかなど、もう一度しっかり自分を見直して下さい。

こんなことで一生を台無しにしてはいけません。

○考える幸せ

現役の名経営者と話をしていると、彼等に共通して感じるものがあります。

それは「しょっちゅう何かを考えている」。

しかも「深く深く考えている」のです。

つまり一つのことを飽きずに何度も何度も考え続けることこそが、成功に近付く秘訣なのかもしれません。

いや、いきなり成功話に行く前に、何しろ楽しいでしょうね。

俗に言う「テーマを持って時をすごす」とか「問題意識を持って生きる」など大仰《おおぎょう》に言う必要はありませんが、そんな感じになるのです。

つまり面白く生きているのです。

いきいきと生きています。

ということは、これこそ「愉快に生きるコツ」と言えるでしょう。

やはり人間は「考える葦《あし》」なのですね。

考えているからこそ人間は偉大なのだと言っているのです。

逆に言えば、「考えなければ人間でない」のです。

仕事をもっとより良くするには、家庭をもっと楽しい場にするには、何でも良いのです。

その時自分が最も関心のあることを、トコトン考えることです。

是非「しょっちゅう何かを考えている」人になって下さい。

○正しいが勝つ

正しいとは何か。

正しいという字の通りに、この線で止まれ。

線とは規範、基準で、基準は「仁・義・礼・智・信」です。

それに基づいて発言し行動すること。

これを正しいというのです。

以上はよく皆さんに申し上げていることですが、今更ながらに痛感することがありました。

ある駅で電車を待っている時です。

三つ前の駅で事故が起きたそうで、三十分四十分経っても電車は来ません。

ラッシュアワーであったため、みるみる間にホームは人間で一杯になってしまいました。

そこへ電車が来ますが、既に電車は一杯で数人の人が乗れるだけでした。

その時後方の列にいた中年男性がいきなり列を無視して飛び乗ったのです。

お陰で一人の女子中学生が、先頭に並んでいたにもかかわらず乗れませんでした。

電車はそのまま出発してしまいました。

何とそれからまた数十分待たされたのです。

電車が来ました。

しかしまたもや一杯で、数人が乗れるだけです。

その時さっきの女子中学生が列の中ほどにいた老人に順番を譲ったのです。

電車は出ていき、また彼女は残されました。

しかしその時何か温かく幸せな空気が漂いました。

凄い子がいるものだと頼もしく思いました。

○子どもは宝

「子どもは社会の宝」とは良く言う言葉です。

しかし真にそのようになっているか。

もし宝なのであれば、宝としての扱いをすべきです。

宝としての扱いとは、持てる宝としての価値を発揮させるように、磨いてやることです。

「切磋琢磨」とはそういう意味です。

「切磋」は獣骨や象牙に装飾をほどこすこと。

「琢磨」とは玉や宝石を磨いてその美しさを発揮させることです。

人間の持味は常に「陰陽」の調和で発揮されます。

生まれて直後からは、母性からの「慈愛」により、情緒と主観が磨かれ、父性からの

「義愛」による、論理と客観が磨かれます。

情緒的にして論理性もあり、主観的にして客観的視点もあるという子どもに育ちます。

「文と武」の調和も大切です。

「読み聞かせ」による文と「各種運動」による武により、その後も「文武両道」を持った子どもに育ちます。

更に「孝」、親孝行を重視して育てることによって、世話になった人への姿勢である「恩」の自覚、恩ある人に対する「敬愛心」を育て、人間性の骨格をつくります。

これでこの子は「立派な人間」という路線に乗って人生を歩み出します。

生まれてから五、六年が勝負なのです。

○姑息の愛

前項「子どもは宝」の続き。

子育ての要点は前回ので充分です。

あれが子育ての核《コア》です。

しかし言い足りないことがあります。

それは「絶対やってはいけないこと」です。

胎教《たいきょう》においては、「緊張のし過ぎ、切羽詰まった状態、喧嘩口論、嘘偽り、恐怖」

こうした状態は避けること。

「美しいもの」に接し続け、ゆったりと清く美しく暮らすこと。

生後の要点は前回申し上げた通り。

しかし「絶対やってはいけないこと」、それが「姑息の愛」です。

姑息とは、一時のまにあわせ、その場のがれ、場当たり的なことです。

子どもは厄介で手数のかかるものです。

街中で大泣きされたりしたら、その場しのぎの対応になり、躾《しつけ》も忘れがちですが、そこが親の頑張りどころと思って、「ダメなものはダメ」とはっきり強くしつけて、一歩も引き退《さ》がらないことが大切です。

何があってもこの子を立派な人間に育てるんだと強く思って、姑息の愛を排除することです。

そこの徹底こそ、子どもの将来を決定するのです。

○人間の力

人が持つべき力が、だんだん見えてきました。

年齢の所為《せい》です。

人間の力は、三つあります。

表面的な力である「体力」。

次に少し奥に入って存在する「気力」。

そして身体の奥深いところにあるのが「精力」です。

若い時は体力があるから、全てを体力だと勘違いしているのです。

年を取って体力が落ちてくると、「気力」と「精力」が俄然貴重なものとして浮かび上がってきます。

体力の衰《おとろ》えをカバーするのが「気力」と「精力」です。

したがって年を取る前に行うべきが、この二つの力の増強保持の訓練です。

若い人にとっても最大の備えといって良いでしょう。

「気力」の増強保持は、何と言っても「志」が重要です。

志と言うと何か崇高なものばかりを言うようですが、趣味である囲碁や将棋、スポーツや武術、音楽やダンスなどをもっと上手になりたいとか、切手や骨董の蒐集などでも良いのです。

つまり毎日に張り合いを持つことです。

「精力」は何と言っても楽しい時間を持つことです。

これが一番の秘訣です。

楽しいとか感動、感激などこそ、最大の増強策なのです。

○人間の力を奪うもの

前項は人間の持つべき三つの力「体力」「気力」「精力」の増強保持の秘訣について申し上げました。

今回は反対に、「絶対にしてはいけないこと」です。

一つ目は「生きる目標や希望がないこと」。

私は二十五歳、タイ国バンコク郊外での重傷の時、最大の目的は何とか母国日本に生きて帰ることでした。

有り難いことにこの願望は達成され帰国することが出来ました。

しかし何と翌日から身体全体の機能不全で危篤状態に陥りました。

何故か。

目標が叶《かな》った瞬間に目標が無くなり空白になってしまったからです。

恐ろしいことです。

目標が明確でないと危篤に陥ってしまうのです。

忘れないで下さい。

二つ目は「親友がいないこと」。

子ども達も独立し、夫婦もどちらかが先に行ってしまえば、独りになるのです。

人間は他人の魂との呼応関係で成り立っていますから、やがて独りでは成り立たなくなります。

その時「××友達」の存在は、生命の活性化の為にも必須なのです。

これも若い時から「人付き合いの良さ」を訓練しておかないといけません。

○生存意欲を発射する生き方

アジアの若者と会って最も驚くのは、そのバイタリティ（生存意欲）あふれる姿です。身体中から意欲が発射されています。

ボーとしたような目は一つもありません。

キラキラ輝き、どの目も「さァ、やってやるぞ」と叫んでいます。

中国の人、インドの人、インドネシアの人、皆こういう若者です。

一転、日本の若者の多くは、残念ながらひどく疲れているような、何かに耐えているような、心の中で悶々としているような、そんなように見えます。

これは究極の国家の危機ではないでしょうか。

その原因を私はこう見ます。

『論語』の有名な言葉「七十にして心の欲するところにしたがえども、矩《のり》を踰《こ》えず」の七十のところを二十、三十にしてみると、よいのです。

つまり矩をしっかり身に付けていないから、何事も「おっかなびっくり」周囲ばかりを気にして、いかにも自信の無いようにしか言動しないのです。

許されると許されない境界をしっかり身に付けていないから、こうなるのでしょう。

境界は二つだけです。

「社会性」「人間性」

何事もこの二点を外していないかどうかを常にチェックして発言し行動するようにして下さい。

老荘の教え

○老荘人生

「老荘思想」とは何か。

このわれわれが暮らす宇宙の根源を「道《タオ》」と言い、この「道の在り様を自己の在り様とする」ことを説いています。

その道の最も大きな特性は、「無為自然」にあります。

その意味は、十万光年という規模の銀河系宇宙の中の営みのように、作為も人為もない「計《はか》らい」を常に忘れないで、身勝手で強引で利欲中心になりがちな発言や行いを、「これで充分」と六、七分で「足るを知る」ことにより、何事も自《おの》ずと然《しか》りに治《おさ》まることを言います。

宇宙の力を活用しやすくする為に、極力自分の力を注意深く扱《あつか》い、同調させて、遠心力や求心力、波動や気の流れを活用することです。

もっとわかりやすく実生活上のことで言えば、窮地に陥ったり、危機に遭ったりする大本には、必ず余分な強欲が絡《から》んでいることが多いものです。

こうしたことを避けて生きるのが「老荘人生」なのです。

○自由とは何か

老荘思想の到達点は何か。
「絶対自由の境地」にあります。

よくよく考えれば、人間が成長していく、大人になっていくとは、自分を不自由にしていくプロセスとも言えます。

社会の中、学校の中、会社の中で暮らすことは、その枠組みの持つルールを無視しては成り立ちません。

しかも人間は、持たなくても良い拘束感や拘泥《こうでい》感をワンサと保有して、いつも何かに捉われて生きています。

だからいつも、息苦しいほどに不自由になっているのです。

その拘束や拘泥の包み紙や網や紐《ひも》を解いていくのが老荘思想なのです。

いや儒家の教えも似たようなものです。

究極の姿を次のように説いているのです。

「七十にして心の欲するところにしたがえども矩を踰えず」

自分ではこんなに自由にやって良いのかと思うほど自由きままにやっているが、それまでの自己修練によって、世の中のルールからはみ出すことは全くない。

こうして自由を満喫することを、究極の姿としているのです。


老荘の方は、「少私寡欲《しょうしかよく》、見素抱朴《けんそほうぼく》」で、欲はほどほどにし、この世の根源である道《タオ》と一緒に生きる。自然を友とし、四季の巡りを楽しみとして生きることだ、としています。

しかしこれでは、まだまだ真の自由は得られません。そこでとても強く説いているところが次の事です。

自由とは、「自《みずか》らに由《よ》る」のだ。

全ての境遇や仕儀を、自分の招いた結果だと思えば、腹も立たないじゃあないか、と言っているのです。

○故郷の母に戻る

二十五歳の時の生死をさまよった経験は、あまりにも強烈で、いまも様々な影響を私に残しています。

中でも一番強烈なのは、「生死論」、つまり死の恐怖の克服です。

当時は、これに間断なく襲われ、身が縮《ちぢ》む思いの連続でした。

そうした最中に、老子と出会ったのです。


老子はこう説きます。

宇宙の根源「道《タオ》」から出て生きることを「出《いで》て生き」、つまり出生といいます。

「その運《はたら》きは遠去かる」、道から遠去かって成長します。

「その運きは反《かえ》る」、やがて人生の折り返し点が来て、今度は反転、道に向かって進みます。

そして死を迎えます。

これを、また道に入ること、「入りて死す」といいます。

そうか。死ぬとは、道に帰ることなんだ。

道とは、私にとっては母親だ。

そうか。死ぬとは、故郷《ふるさと》の母のもとに戻ることなんだ。

と思うと、いつしか恐怖も少々緩和《かんわ》し、何かあの母に早く会いたい気分にもなってくるのです。

○何故そんなに急ぐのか

老荘思想の説くところは「絶対自由の境地」です。

したがってあくまでも生命重視のこの思想が、最も嫌《きら》うのが、「生命を傷つけること」なのです。

その最たるものが、不自由なのです。

不自由とは何物かに使われ束縛《そくばく》を受けること。

何物かとは、人であったり、状況であったりします。

何しろ悪いのは、「切羽詰まった状況」です。

最も生命が苦しくなる状態です。

それを避ける為に必要なのが「マイペース」です。

しかし、これは時には周りの人に迷惑をかけてしまいます。

すると周りの人との関係が気まずくなり、これも生命を傷つけることになります。

ではどうしたら良いか。

「マイペース」で仕事をすることが出来る為に何より必要なのは、「準備万端ととのえる」ことです。

常にこれを心掛けて常に先廻りして準備をしておけば、イザ本番になっても余裕があり、「マイペース」が守れます。

準備の要点は言うまでもなく「悲観的に準備して、楽観的に実行する」です。

○水に学ぶ

老荘思想の説くところで、最も有名なのは次の言葉でしょう。

「上善若水（じょうぜんみずのごとし）」

何故水が最上なのかといえば、といって次のことを挙げています。

この世で最も柔《やわ》らかい。

だから剛強に優《まさ》る、というのです。

鉄板より柳の方が強いのです。

更に「雨垂《あまだ》れ石を穿《うが》つ」の名言通り、同じ所に落ちる雨垂れが長い時間をかけて石に穴をあけるように、微力でも根気よく続ければ成就するというのです。

「水はよく万物を利して争わず」

水は流れながら擦《す》れ合う鉱物や藻などから栄養分を吸収して自分の価値を高めている。

これに学んでわれわれ人間も日々の暮らしの過程で「触れ合う人皆師」として会う人ごとに何かを学び取る精神が大切だというのです。

「無有《むゆう》にして無間《むかん》に入る」

水は自分の形を持たないから、相手の形に合わせられる。

だから入れないところがない。

一流の販売担当者は、顧客の希望を傾聴することからセールスを始める。

つまり相手の形をよく承知してから、その形に合わせるから入れないところがないのです。

水に学ぶべきことは実に多いのです。

○水になること

老荘思想で生きていると、その目指すべき最高の境地が気になってきます。
「水になること」です。
形を持たない。
とらわれない。
柔軟な心をいつも忘れないことです。
もう一つ大切なことがあります。
「水は下へ下へと流れていくもの」です。
これは謙下、へり下って生きていれば、間違いないということ。
もう一つは、つねに地に足を着けて暮らすことです。
「地味」が大切なのです。
目立たず。
ハデにならず。
地味に暮らすことです。

目標は、「目刺しの土光さん」です。

名声はいやがうえにも高まります。

しかしそうなればなるほど実生活、実態は地味に地味になっていく。

これこそが、水の生き方なのです。

下にいればいるほど、多彩な情報も集まってきます。

○しなやかさを取り戻す

老子の言葉に「生まれるや柔弱、死すや堅強」があります。

人間は誰でも生まれた時、つまり赤ん坊はとても柔軟、柔《やわ》らかいものです。

しかし死が近づいてくると堅《かた》くなるというのです。

要は生命力の問題です。

生命力が溢《あふ》れているということは柔軟を意味します。

つまり「意欲的に生きる」「知的好奇心を持って生きる」ことは生命力を生み、その表れとして頭も柔軟となり、寛容で広い心の持ち主となります。

したがって頑固は、生死の問題とも言えます。

よく受ける質問に、「頑固と信念との違いは」があります。

要点は、人の意見や情勢の変化を受け入れるかどうかです。

柔らかは、「しなやか」でもあります。

広い心と何事にも敗けない強さは、しなやかさに源泉があります。

あなたも最近ちょっと堅くなっているのではありませんか。

しなやかさを取り戻して下さい。

○柔らかい感性

人が生きていくということは、また別の言い方をすれば、様々な問題に対する対処をしながら日々を暮らすということになります。

この時の最も大切な注意点の話をしましょう。

「老子」は次のように言っています。

いつも何が起きるかという視点で、自分の周囲をよく見て、予測し、想定して、「兆《きざ》しのうちに対処せよ」。

その心は、「まだ何事も起こらないうちに行い、まだ乱れないうちに治める」（守微第

六十四章）

こう考えて日々を暮らすと、生き方が変わってきます。

いや、変わらずを得ません。

俄然重要になるのが日常の在り方です。

「そうだ、いまのうちにAさんに、このように言っておこう」

「こうした事の起こらないうちに、このようにしておこう」

「来週のこの会議の為に、Bさんと話し合っておこう」などとなるのです。

したがって最も大切なのは、「先を見通せる柔らかい感性と行動力」を磨くことです。

○生きているとは何か

結局生きているとは何なのでしょう。

生死を乗り越え、更にこれまで生きてきて私がよく考える命題です。

いまわかっていることを述べれば、次のようになります。

「喜ぶ。怒る。悲しむ。楽しむを味わう」

人間はまず感じて生きているのですから、これが原点です。

これを大切にすることが、丁寧に生きることになると思います。

喜怒哀楽は味わうもので、示すものではありません。

つまり他人に対して表現するものではないということです。

自分でじっくり味わうものなのです。

それともう一つ。

「偉大な存在との対話」

私はいつも言っている様に、「道との同行」で生きています。

こうした道のような偉大な存在との対話こそが、「ああ生きてるんだな」とつくづく思う時でもあります。

○道とは母の心

私はずっと道《タオ》を母として生きてきました。

何しろ道は、トコトン優しいのです。

何事も受け入れてくれるのです。

断られる、拒否される、そんなことは一回もありません。

何しろ「そうか、そうか」と受け入れてくれるのです。

母の心とはこういうものでしょう。

そして必ず解答をくれます。

「このように考えてみたら」とか「これを大切にしたら」、「ここに問い合わせてみれば」など。

道の解決策の凄さといったらありません。

ズバリ一言、外《はず》れることは全くありません。

母の愛とはこういうものでしょう。

しかしそれもこちらの心次第なのだと気付いてくるのです。

こちらの母を慕《した》う気持ち、母を念《おも》う気持ち、母を敬《うやま》う気持ちに応《こた》えてくれるのです。

「いつも道を忘れない」が大切なのです。

○心安らかに暮らす

何しろ心を落ち着かせ、ごくごく普通の心持ちで暮らすのが、いろいろ目指しましたが、やはり行き着くところです。

ではどうするか。
老子の説く「無為、無事、無欲」の精神に帰するのです。
無為、妙な思わくを持たず、
無事、平穏無事を最上として、
無欲、余計な欲を持たずに暮らすことです。
力仕事に精を出し、腹の底から大笑い、何を食べてもウマイ！
何を飲んでもベリー・グッド、フトンに入ればすぐ熟睡。

○生き方の選択

人間の生き方にはいろいろあります。
しかしどちらにしろ「愉快な人生」でなければいけません。
愉快な人生とは六十歳からです。
それまではトレーニングの期間と思って、いろいろな経験を積んでおく必要がありま
す。
私の場合でいえば、三十代は旨く行かない苦労の時期、四十代はうまくいき過ぎた苦

労の時期でした。

五十歳直前で大転換をしました。

他人に気付かれないように完璧に変えることが出来ました。

何の転換かといえば、生き方の転換です。

それまでの「富貴貧賤型人生」から「感謝喜楽《きらく》型人生」に変えたのです。

全て変えました。

変えなかったのは家内だけです。

老荘思想流に言えば、栄耀栄華、名誉を求めず、裏長屋の巷《ちまた》の暮らしを楽しもうと思ったのです。

夢破れての裏長屋では愉快どころではありませんが、望んでやっているので、実に愉快なのです。

○気が楽ということ

老荘思想で生きていると、とても良いことが多いのです。

その一つに、「気が楽《らく》」ということがあります。

まず争《あらそ》わない。
競争や闘争は全くしない。
何故かといえば、こちらに競争心もなければ、競争相手という人もいません。
相手が仕掛けてきても、決して戦いません。
そうしたエネルギーがあれば、それは自分の興味の対象の探求に使いたいのです。
自分の好きな事にのめり込んでいるのです。
自分を実力以上に見せない。
むしろダメ人間ぐらいに見せて暮らす。
しかし、いざという時には、専門分野で凄腕を示す。
以上も老荘思想の説くところですが、要は気を楽にして暮らすことです。

○信言を聞く

『老子』には次の名言があります。
「ほんとうの忠告は、美しい言葉などではない」（「信言は美ならず」）
しかし人間はこれに気が付かないものです。

親が自分の子どもを正しい道に向かわせようとする時などを考えて下さい。

詩のような美しい言葉でしょうか。

心の底から絞り出すような、何の飾り気もない、ストレートな、心の叫びになります。

最近は滅多にこうした「信言」が聞かれなくなりました。

うまく美しく言おうなどの、いわば上辺の問題を通り越した、何としても言ってあげねばならないところにある言葉を、大切にする。

ほんとうの人間関係は、そこから生まれるのです。

「ほんとうに善い人は、多弁にはならない」(「善者は弁ぜず」)

続く言葉です。

あれこれ心の底から相手のことを思ってあげると、そうペラペラと話せないものだ、と言っているのです。

○謙虚になると宇宙が見える

老荘思想では、謙虚をとても大切にしています。

しかしその面白いところは、ただ単に人間の態度の問題として説いているばかりでないのです。

「大順に至る」（淳徳第六十五章）と言っています。

大順とは、このわれわれが住む宇宙の働きには順番、順序という「きまり」がある。これにしたがって生きること、これが大順です。

この反対が「逆」です。

大宇宙の「順」にしたがうのですから、人生が円滑に進むことは当たり前のこととなります。

何故謙虚が大順に至るのか。

謙虚の心とは、徹すれば素朴な心になります。

素朴な心の反対が「見栄《みえ》の心」です。

自分をよりよく実力や実体以上に見せようという心です。

したがって、素朴な心とは、ありのまま見せようという心で、この心に徹すると、そのものの実体が見えるようになり、「見えないものが見えてくる」のです。

朝、昼、晩、夜の一日の区分の意味。

晴れ、曇り、雨、雪など気候の意味。

春、夏、秋、冬の季節の意味などが見えてくる、つまりわかってくるのです。

これを知ると、その凄さにどうしたって自然に頭が下がります。

人間の微力さを思い知るので、どうしたって謙虚になります。

するとますます見えないものが見えてくる。

真に謙虚になると宇宙が見えるのです。

○老荘で生きる

「老荘思想で生きてきました」

と言うと必ず受ける問いがあります。

「老荘思想で生きるって、どういう事ですか」

簡約して言えば、次のようになります。

人間は「発言と行動」で生きています。

その発言と行動は、その人の「考え」に基づいています。

考えの源泉は、その人の持つ「価値観や思想や哲学」に由《よ》ります。

そこが私は「老荘思想」なのです。

そこで、この思想が具体的に私の発言や行動に、どのように反映されているかです。

様々な物事に対する私の判断は、一つしかありません。
「いのちにとって、どうか」
例えば何かを依頼されたとします。
「いのちを害さなければ引き受けますし、害す危険性があればお断りします」
極度の苦痛が続くとか、著《いちじる》しい心労が重なるとかいうことは、最もいのちを害するこ
とになるので、それがどんなに名誉と富に溢れていようと、老荘思想は最も嫌うこと
なので、きっぱりと断ってきました。
老荘思想の根本は「いのちを大切に」です。
では例外はないのかといえば、「でもこれは私に巡ってきた天命だ」と深く思えば、
いのちを乗り越えて引き受けます。
老荘思想という規範（規準）があるからこそ成り立つことだと思っています。
老荘思想に感謝‼

あとがき

私が講演講義を始めてから、既に三十年以上が経ちました。

その間多くの受講生や生徒の皆さんと、心の交流を続けてきました。

社会人が多かったこともあり、やがて様々な当面する悩みについての相談を受けることになりました。

ある時、ふと気づくと、相談の内容がひどく変化しているのです。

それまでの相談の多くは、やるべきことをやっていない、問題と正面から向き合わないなどの、必要必須のことを行っていないこと、あるいは逃げてしまっていることから生ずる問題でした。

今受けている相談は「しっかりやればやるほどひどくなる」問題が多いのです。

更に驚くことに相談者は、責任感が人一倍強く、真面目な性格の人が多く、その上ひどく深刻な状況に陥ってしまっている人が多いのです。

真面目な人が損をする社会とは、これは何だと思いました。これでは社会が崩壊してしまうと危機感を持ったのです。

問題が一段階上がったという感じです。

通り一遍の常識的解決法では、とても捌《さば》けない。一筋縄ではいかない複雑な問題ばかりです。

ところがそうなればなるほど、厄介な問題になればなるほど本領を発揮するのが「東洋思想」なのです。

答えている私の方が、つくづく東洋思想の凄さに改めて驚嘆するばかりなのです。

儒教は、細かい人間の言行やそれこそ一挙手一投足について実に気の利いた注意をしてくれます。

仏教は、そもそもが人の心の根本を説く（唯識論）ものですし、人間関係の根本を説く（華厳経）ものです。

道教（老荘思想）は、過度や傲慢、強欲や利己心を戒めてくれます。

禅仏教は、般若《はんにゃ》、人が至るべき最高の智慧を示しています。

神道は、人の目差すべき神さながらの境地（惟神の道）を説いています。

これだけの源泉があれば、どのような問題にも対処できます。

そこで、これを受講生や生徒の皆さんに公開できないだろうかと思ったのです。早速私の主催する「タオクラブ」のホームページに「一週一言」というブログを始めました。

多くの方々から予想以上の反応をいただき熱が入り、七年続いております。そのうちもっと多くの方にご紹介ができないかと思うようになりました。

その結果、この本になったのです。私にとっては望外の喜びです。

その喜びを与えて下さったのが致知出版社の藤尾秀昭社長であり、柳澤まり子副社長です。何よりも御礼を申し上げなくてはなりません。

またホームページ用の原稿を、全く新たな視点から編集しなおして、新たな魅力を引き出してくれた小森俊司氏にも大いなる感謝を申し上げます。

お読みになった皆様が愉快な人生を獲得される一助になれば、これに優る喜びはありません。

田口佳史

令和元年五月

〈著者略歴〉

田口佳史（たぐち・よしふみ）

昭和17年東京生まれ。東洋思想研究者。日本大学芸術学部卒業。新進の記録映画監督として活躍中、25歳の時、タイ国で重傷を負い、生死の境で「老子」と出合う。以後、中国古典思想研究に従事。東洋倫理学、東洋リーダーシップ論の第一人者として活躍。大企業の経営者や経営幹部などからも厚い支持を得る。52年イメージプラン設立、代表取締役社長。著書に『ビジネスリーダーのための老子「道徳経」講義』『人生に迷ったら「老子」』『横井小楠の人と思想』（いずれも致知出版社）『なぜ今、世界のビジネスリーダーは東洋思想を学ぶのか』（文響社）『超訳 論語』『超訳 孫子の兵法』（ともに三笠書房）『ビジネスリーダーのための「貞観政要」講義』（光文社）『上に立つ者の度量』（PHP研究所）など多数。

東洋思想に学ぶ人生の要点

令和元年 五 月三十日第一刷発行

著　者　田口　佳史

発行者　藤尾　秀昭

発行所　致知出版社

〒150-0001東京都渋谷区神宮前四の二十四の九

TEL（〇三）三七九六—二一一一

印刷・製本　中央精版印刷

落丁・乱丁はお取替え致します。　（検印廃止）

ISBN978－4－8009－1206－0 C0095

ホームページ　https://www.chichi.co.jp

Eメール　books@chichi.co.jp